Felix Stieve

Das kirchliche Polizeiregiment in Baiern unter Maximilian I.,

1595-1651

Felix Stieve

Das kirchliche Polizeiregiment in Baiern unter Maximilian I., 1595-1651

ISBN/EAN: 9783743683860

Hergestellt in Europa, USA, Kanada, Australien, Japan

Cover: Foto ©Suzi / pixelio.de

Weitere Bücher finden Sie auf **www.hansebooks.com**

Das

kirchliche Polizeiregiment

in Baiern

unter Maximilian I.

1595—1651

von

Dr. Felix Stieve
Privatdocent der Geschichte an der Universität München.

München, 1876.
Verlag der M. Rieger'schen Universitäts-Buchhandlung.
(Gustav Himmer.)

Vorwort.

Die vorliegende Abhandlung, welche zuerst in der Augsburger Allgemeinen Zeitung veröffentlicht wurde, lasse ich mit den urkundlichen Belegen ausgestattet und durch einige Nachträge erweitert in besonderem Abdrucke erscheinen, weil ich hoffe, dass es Allen, welche der noch so wenig erforschten Geschichte der Gegenreformation ihre Aufmerksamkeit zuwenden, erwünscht sein wird, in einem bestimmten und zwar wohl dem bezeichnendsten Beispiele die Mittel vor Augen zu haben, mit welchen die confessionelle Staatskunst jener Zeit arbeitete.

Es wird noch vieler Arbeit bedürfen, um erschöpfende Kenntnis dieser Periode zu erlangen. Möge diese Schrift, welche dem Reichthum der münchner Archive und Staatsbibliothek ihre Entstehung verdankt, Andere zu entsprechenden Untersuchungen auffordern und vielleicht auch bei diesen unterstützen.

München, den 26. Oktober 1876.

Felix Stieve.

I.

Eine Polizei im heutigen Sinne des Wortes kannte Deutschland, abgesehen von gewissen Anfängen in den Reichsstädten, während des ganzen Mittelalters noch nicht. Sie entwickelte sich erst, seitdem im fünfzehnten Jahrhunderte die Herrschaft des Faust- und Fehderechtes gebrochen wurde, die Territorien sich schlossen und das römische Recht massgebenden Einfluss ausübte. Je mehr dann die schaffende Lebenskraft im Volke versiegte und die vorhandenen Gesellschaftsformen verknöcherten, je mehr die Freiheit der Unterthanen und die Macht der Landstände zu Gunsten der fürstlichen Gewalt geschmälert wurden und je mehr diese zu despotischer Willkür entartete, desto fester umklammerte die staatliche Polizeigewalt alle Aeusserungen des öffentlichen und socialen Lebens. Schliesslich war nichts mehr zu individuell und zu entlegen, um sich ihr zu entziehen.

Sie beschränkte sich dabei keineswegs auf jenes Gebiet, welches den sie ausübenden Factoren eigen zu sein schien, auf das „Weltliche" nämlich, wie man damals sagte: vielmehr machte sie sich nicht minder nachdrücklich und noch weit empfindlicher im „Geistlichen", auf kirchlichem und religiösem Gebiete, geltend.

Auf protestantischer Seite gab Luther den Anlass hierzu. Als er die Leute nicht fand, um eine Kirche zu gründen, welche der Freiheit eines Christenmenschen entsprochen hätte, und als ihn der wilde Aufstand der Bauern und die Masslosigkeiten der „Schwarmgeister" erschreckten, übertrug er das Kirchenregiment den weltlichen Obrigkeiten und den so gewonnenen Machtzuwachs liessen sich auch diejenigen Reichsstände nicht schmälern, welche später das calvinische, die Presbyterialverfassung fordernde Bekenntnis annahmen.

Bei den Katholiken hatten dies Beispiel sowie die Unfähigkeit und Gleichgültigkeit der zunächst berufenen kirchlichen Organe zur Folge, dass die Staatsgewalt der weltlichen und geistlichen Territorialherren wenngleich nicht in dogmatischer, so doch in disciplinärer Hinsicht ganz ähnliche Befugnisse sich anmasste.

In beiden Lagern aber waren es vornehmlich zwei Theorien, welche das staatliche Polizeiregiment in kirchlichen Dingen förderten. Einmal die mittelalterliche Anschauung, dass die Obrigkeit das Schwert von Gott empfangen habe, um nach dessen oder vielmehr der Kirche Vorschriften die Guten zu schützen und die Bösen zu strafen, eine Anschauung, welche von den Reformatoren unter Vortritt Luthers ebensosehr wie von den Vorkämpfern der alten Lehre unter Führung der Jesuiten gepflegt wurde; dann der aus einem politischen Compromiss hervorgegangene Grundsatz, dass die Unterthanen sich dem Bekenntnisse ihres Herrn anzuschliessen hätten, oder dass, wie man es ausdrückte, wessen das Gebiet, dessen auch die Religion sei.

Auf diesen Grundlagen wurde vor und nach überall in Deutschland die Staats- und Zwangskirche errichtet und ausgebildet, in welcher nur dem Haupte Gewissen und Ueberzeugung zusteht, alle Glieder dagegen lediglich blinden Gehorsam schuldig sind.

Die empörendsten Bedrückungen und Gewaltthaten waren ihre naturgemässe Frucht.

Als in der Rheinpfalz und Oberpfalz einem lutherischen Churfürsten ein calvinischer, diesem ein lutherischer und dem endlich wieder ein calvinischer folgte, mussten Geistliche und Unterthanen binnen fünfundzwanzig Jahren dreimal gemäss dem Bekenntnisse ihrer Herren das eigene ändern oder harte Bedrückung und Landesverweisung erdulden. In Chursachsen war es vornehmlich die Hinneigung zum Calvinismus, welche den Kanzler Nikolaus Crell aufs Schaffot brachte. In Braunschweig schlachteten die Prediger im Bunde mit einer aristokratischen Partei den von ihnen gebannten Stadthauptmann Henning Brabant unter grauenhaften Martern hin. Hunderte von Pfarrern und Laien wurden aus Dienst und Heimath verjagt, weil sie sich an eine ihrer Obrigkeit nicht genehme Richtung der Reformation angeschlossen hatten, und noch lebt es im Andenken, wie der Volkswitz die Einführung des von weltlichen Obrigkeiten zum Schutze der lutherischen Rechtgläubigkeit vereinbarten Concordienbuches bitter kennzeichnete, indem er eine Predigersfrau ihren von Gewissensbedenken geängstigten Mann zur Unterschrift der Bekenntnisformel mit dem Sprüchlein drängen liess:

„Schreibet, lieber Herre, schreibt,
Dass Ihr bei der Pfarre bleibt."

In katholischen Gebieten enthielt man sich des Blutvergiessens aus politischen Rücksichten. Noch ungleich grösser aber als in den protestantischen Territorien war hier, seitdem der Geist der Restauration die Herren ergriff, die Zahl der Geistlichen und Laien, welche ihres Glaubens wegen vertrieben oder durch Quälereien aller Art zum Wechsel des Bekenntnisses gezwungen wurden, denn der Protestantismus hatte fast alle die Beherrschten für sich gewonnen.

Mit der Erzwingung des äusseren Bekenntnisses begnügte sich jedoch die Staatsgewalt keineswegs. Auch darüber wachte sie vielmehr, dass das Leben der Unterthanen dem Glauben entsprach, und mit ihren Polizeistrafen hielt sie zu religiösen Uebungen, zu Werken der Frömmigkeit an. Der Büttel sollte dem Himmel gute Christen erziehen.

Diese innere Kirchenzucht war mit Nothwendigkeit in denjenigen Gebieten, welche dem alten Glauben erhalten oder wieder unterworfen wurden, umfassender, einschneidender und drückender als in den evangelischen: einerseits, weil der Katholicismus in seiner von den Jesuiten und der ganzen Restaurationspartei gepflegten Gestaltung viel mehr Werke der Frömmigkeit von seinen Bekennern verlangte und diese mit viel mehr Vorschriften und Verboten umhegte als der Protestantismus; anderseits, weil die Unterthanen den Befehlen der Obrigkeiten weit hartnäckiger widerstrebten, als es in den evangelischen Ländern der Fall war, wo nach Beseitigung der aufsätzigen Prediger, Lehrer und Beamten der Masse des Volkes die spitzfindigen Unterschiede der reformatorischen Systeme und die Veränderungen in den Formen des Gottesdienstes vielfach rascher gleichgültig wurden oder innerhalb des protestantischen Bekenntnisses abweichende Meinungen der Unterthanen leichter eine gewisse Duldung fanden.

In ganz besonderer Schärfe und nach allen Richtungen hin wurde das kirchliche Polizeiregiment durch den Herzog und nachmaligen Churfürsten Maximilian I. von Baiern in dem heutigen Altbaiern und den Gebieten, welche er hinzu erwarb, ausgeprägt. Die von ihm getroffenen Einrichtungen und Massregeln wurden von den seiner Partei angehörigen Zeitgenossen als mustergültig anerkannt und ihr Bild, dessen Züge sich mehr oder weniger vollständig in allen deutschen Gebieten katholischer Obrigkeiten wiederfinden, [1]) dürfte am besten die Tendenzen und die Methode seiner Zeit zur Anschauung bringen.

II.

Als Luthers gewaltiger Ruf, unterstützt von einer tiefgehenden nationalen Bewegung, das deutsche Volk so mächtig erregte, wie es nie vorher und nachher eines Menschen Stimme vermocht hat, fand er auch in den bairischen Gauen offene Ohren und Herzen, denn auch hier waren jene Momente wirksam, welche Luthers Erhebung weit mehr als die dem Volke kaum verständliche Rechtfertigungslehre förderten: die Verachtung und der Hass

---

1) Vor allem und am frühsten in Innerösterreich, wo die Jesuiten den gratzer Hof völlig beherrschten.

gegen die verkommene Klerisei, die Erbitterung gegen das Aussaugungssystem der römischen Kurie und die Nichtbefriedigung, Verwirrung und Beängstigung des tief religiösen Sinnes der Laien durch das veräusserlichte Kirchenthum. Herzog Wilhelm IV. und sein mitregierender Bruder Ludwig von Landshut selbst nahmen anfangs eine Luther nicht ungünstige Haltung ein.

In der Fastenzeit des Jahres 1522 aber erliessen die Fürsten plötzlich ein scharfes Mandat gegen die Lehre und die Anhänger des zu Worms geächteten Ketzers und seitdem schritten sie auf diesem Wege fort. Während sie in den Reichsangelegenheiten ausschliesslich ihre territorialen und fürstlichen Interessen zur Richtschnur ihres Handelns nahmen und in wichtigen Fällen nicht wenig zum Scheitern der Bestrebungen Karls V. beitrugen, welche in gleicher Weise der Erhaltung des Katholicismus wie der Förderung der kaiserlichen Macht galten, verfolgten sie in ihrem eigenen Lande alle dissidentischen Regungen mit steigender Strenge und ihren Gewaltmassregeln gelang es in der That, Baiern äusserlich dem Katholicismus zu erhalten.

Aeusserlich, denn wie es den Bemühungen der Herzoge nicht gelang, die sittliche und geistige Hebung des Klerus herbeizuführen, so wurde in dessen und der Laien Herzen der alte Glaube nicht wieder belebt.

Das zeigte sich bald, nachdem Wilhelms IV. Sohn Albrecht V. i. J. 1550 die Regierung übernommen hatte.

Der junge Herzog war für seine Person gut katholisch, doch anfangs weder ein Anhänger der Restaurationsideen noch den Protestanten feindselig gesinnt. In seiner auswärtigen Politik neigte er zu den Gegnern Karls V. hin und war einer der thätigsten Beförderer jener Verträge von Passau und Augsburg, welche den protestantischen Reichsständen politische Anerkennung und Sicherheit des bis dahin errungenen kirchlichen Besitzes gewährten. Aus seinem Lande aber liess er die Jesuiten abziehen, als sie unter Vorspiegelung eines von Wilhelm IV. gegebenen Vorsprechens die Erbauung eines eigenen Collegiums in

Ingolstadt forderten. Theils aus duldsamer Gesinnung, theils aus Rücksicht auf die ihm verbündeten protestantischen Fürsten, namentlich aber, um die ihm dringend nothwendigen Geldbewilligungen seiner Landstände nicht zu erschweren, übte er gegen die protestantischen Regungen in Mitte seiner Unterthanen Nachsicht. Ja er gestattete sogar, dass die Adlichen katholische Pfarrer durch evangelische Prediger ersetzten, und der Synode von Mühldorf gegenüber verweigerte er entschieden gewaltsames Einschreiten gegen die vom Katholicismus abgefallenen Laien. Nur einige Beamte und ingolstädter Professoren entfernte er wegen ihrer offen lutherischen Gesinnung.

Da kam es denn rasch dahin, dass die verschiedenen Richtungen der Reformation unter dem Klerus Anhänger fanden, die meisten Geistlichen die Anrufung der Heiligen und die Lehre vom Fegefeuer verwarfen, viele nur die Taufe und das Abendmahl als Sacramente anerkannten und fast alle sich wieder Weiber beigesellten. Die Schullehrer unterrichteten meist nach Luthers Katechismus und stimmten mitunter in der Kirche dessen Psalmen an, welche die ganze Gemeinde mitsang. Adel und Bürger waren fast durchweg protestantisch gesinnt. In den Städten nahm man das Abendmahl allgemein unter zwei Gestalten. Die Bauern aber enthielten sich je länger je mehr gänzlich des Abendmahls, liefen nach der Predigt aus der Kirche und misshandelten mitunter sogar die Priester bei der Ausübung ihrer Functionen. Die Firmung und die letzte Oelung kamen ausser Gebrauch.

Die Wahrnehmung dieser Fortschritte des Protestantismus, welche sich dem Herzoge insbesondere beim Landtage von 1556 aufdrängen mochte, dürfte Albrecht V. erschreckt haben. Auch wirkte wohl die Misbilligung auf ihn ein, welche seine Duldsamkeit in Rom und bei eifrigen Bischöfen fand, und daneben übte vielleicht die engere Verbindung, worein er seit Karls V. Abdankung mit Ferdinand I., dessen Führung er schon vorher in seiner auswärtigen Politik gefolgt war, trat, Einfluss auf ihn aus. Seit 1556 nahm er sich mit grösserem Nachdrucke des Katholicismus an. Noch während des erwähnten Landtages rief er die Jesuiten nach Ingolstadt zurück, welche er dann bald auch in München ansiedelte; 1557 ordnete er einen eigenen Religionsrath, im nächsten Jahre eine kirchliche Visitation des ganzen Landes an, um die Zucht unter dem Klerus herzustellen und ihn wie die Laien beim katholischen Bekenntnisse zu erhalten; die ketzerischen Geistlichen, Lehrer und Winkelprediger wurden entfernt und den offen abgefallenen Laien wurde bedeutet, dass sie das Land verlassen müssten, wenn sie sich nicht bekehrten. Diese Drohung wurde indes in den meisten Fällen nicht ausgeführt, denn noch widerstrebte dem Herzoge die Anwendung der Polizeigewalt zu religiösen Zwecken. Wie er im Reiche noch immer einen gütlichen Ausgleich der Religionsspaltung möglich erachtete, so meinte er Baiern der alten Kirche durch die Einwirkung einer sittlicheren und gelehrteren Geistlichkeit und durch reformatorische Zugeständnisse wieder gewinnen zu können.

Seine Bemühungen blieben jedoch ohne wesentlichen Erfolg. So stark wurde die protestantische Bewegung, dass Albrecht und die Seinigen es fast einem Wunder danken zu müssen glaubten, wenn die ihr ergebenen Adlichen und Bürger beim Landtage von 1563 nicht die offene Zulassung der Augsburger Confession erzwangen, und dass der Herzog beim Concil von Trient und beim Papste angelegentlichst auf die Gestattung der Priesterehe und des Laienkelches drang, weil nur dadurch der gänzliche Abfall des Landes zum Protestantismus verhütet werden könne.

Am 16. April 1564 gestattete Pius IV., den Vorstellungen Kaiser Ferdinands und Albrechts nachgebend, für Deutschland das Abendmahl unter zwei Gestalten. Gerade einen Tag später aber begannen am münchener Hofe „Religionsconferenzen", in welchen beschlossen wurde, andere Bahnen als die bisher verfolgten einzuschlagen.

Das ungestüme Auftreten der Protestanten beim Landtage

von 1563 und die Vorstellungen Roms und eifriger Prälaten mochten den Beschluss vorbereitet haben. Veranlasst wurde er vermuthlich durch Streitigkeiten mit den Grafen von Ortenburg. Auf Grund ihrer von Albrecht angefochtenen Reichsunmittelbarkeit traten diese offen zum Protestantismus über, stellten Prediger auf, zu deren Kanzeln Tausende von bairischen Unterthanen herbeieilten, und setzten, obwohl sie zugleich bairische Landsassen waren, den Befehlen und den Gewaltmassregeln, durch welche Albrecht die Abstellung der öffentlichen Predigten erzwingen wollte, hartnäckigen Widerstand entgegen. Einen völligen Umschwung in Albrechts Gesinnung und Verhalten führte dann die im Mai 1564 erfolgende Entdeckung des Briefwechsels der genannten Grafen mit anderen bairischen Adlichen herbei, welcher grobe Schmähungen gegen den Herzog enthielt, eine Verschwörung zur Erzwingung der Religionsfreiheit muthmassen liess und um so grössere Besorgnis erregte, als man schon länger eine Erhebung des Adels gegen die Fürsten und eben damals die Ausdehnung der grumbachischen Händel auf ganz Süddeutschland fürchtete. Die Erbitterung Albrechts, welche dadurch gesteigert wurde, dass einige seiner Vertrauten sich an der „Verschwörung" betheiligt hatten, übertrug sich auf das Bekenntnis derselben, und ein tiefer Hass gegen den Protestantismus, den er von nun an als zugleich religiöse und politische Rebellion betrachtete, setzte sich in seiner Brust fest. Zugleich aber bot die Entdeckung Gelegenheit, die Führer der protestantischen Partei von den Landtagen auszuschliessen und damit jenes Bedenken zu beseitigen, welches den Restaurationsgelüsten des Herzogs die stärksten Zügel hätte anlegen können, die Furcht nämlich vor Verweigerung der ständischen Geldbewilligungen.

Ohne Rückhalt gab sich nun Albrecht, wie er sich in den Reichsangelegenheiten und sonst überall als entschiedener Feind der Protestanten bewährte, in Bezug auf die kirchlichen Angelegenheiten seines Landes dem Einflusse seines Kanzlers Simon Eck und der Jesuiten hin. Nach ihren Anweisungen und mit ihrer Hülfe zwang er durch Befehle, Predigten und Gewalt in wenigen Jahren Geistliche, Bürger und Bauern zum Gehorsam der alten Kirche zurückzukehren. Die Lehren und Vorschriften dieser, wie sie das tridentiner Concil festgestellt hatte, wurden durch fürstliche Mandate zu Landesgeboten erhoben und das ganze schroffe System der Restauration trat an der Hand der Polizei ins Leben. Wer sich nicht fügen mochte, wurde zur Auswanderung angewiesen und Viele, denen es nicht die Armuth wehrte, zogen in die Fremde hinaus. Nur der Adel durfte sein Bekenntnis bewahren, die Ausübung desselben wurde jedoch auch ihm nicht gestattet.

Das so begonnene Werk setzte Albrechts Sohn Wilhelm V., welcher es schon seit 1569 eifrig gefördert hatte, während seiner Regierung (1579—1595) mit gleichem Eifer fort. Er war den Jesuiten blindlings ergeben und von einer so schwärmerischen Bigotterie erfüllt, dass er vor allem durch sie, durch den Wunsch, in klösterlichem Bussleben sich den Himmel zu sichern, schliesslich sogar zur Abdankung bewogen wurde.

Die allseitige Ausbildung des jesuitischen Musterstaates blieb jedoch Maximilian I. vorbehalten, welcher während seiner sechsundfünfzigjährigen Regierung [1]) (1595—1651), soweit es einem Menschen nur möglich ist, dafür sorgte, dass die Worte seiner Vorfahren Thaten wurden und ihre Anfänge Vollendung fanden.

Mit grösster Sorgfalt hatte Wilhelm V. darauf Bedacht genommen, dass sein Erbe voll und tief von jener Religiosität durchdrungen würde und sich ganz jenem kirchlichen Systeme hingäbe, worin er selbst Befriedigung fand und die einzige Bürgschaft für die ewige Seligkeit erblickte.

Ich habe diese Erziehung an anderer Stelle [2]) eingehend

---

1) Ich werde an anderer Stelle nachweisen, dass Maximilian thatsächlich schon seit 1595 regierte und schon seit 1591 einen immer wachsenden Einfluss ausübte.

2) S. meinen Ursprung des dreissigjährigen Krieges I, 60 ff. Ich

geschildert und dargelegt, wie ihre Aussaat in Maximilians ernstem und strengen Sinne den empfänglichsten und fruchtbarsten Boden fand.

Maximilian war allerdings niemals ein willenloses Werkzeug der Jesuiten: dagegen schützte ihn sein starker Charakter und sein stolzer Fürstensinn. Aber das System des Ordens gieng ihm in Fleisch und Blut über und wie in seinem Privatleben so verwirklichte er es in seiner Regierung mit einer Energie, Consequenz und Strenge, welche in ihrer Kälte und Leidenschaftslosigkeit einen fast unheimlichen Eindruck machen. Es ist, als ob unter menschlicher Hülle ein Princip nach unbeirrbarer innerer Nothwendigkeit wirke.

III.

Die erste Folgerung des kirchlichen Systems, dem Maximilian anhing, war selbstverständlich, dass er keine Protestanten in seinem Lande dulden mochte.

Noch lebten dort nicht wenige und vornehme Adliche, welche dem Protestantismus treu geblieben waren,[1]) und Hinneigung zu diesem mochte auch unter den äusserlich katholischen kräftig fortleben. Warnte doch ein in Maximilians Namen aus-

---

trage hier nach, dass Maximilian als elfjähriger Knabe mehr als hundert Mal die Verse:

„Nimbt's z'lieb, nimbt's z'laid, der tugent z'ehrn,
Ist mein begehr, Gott wird mich gwährn",

abschreiben musste, [Bayrische Blätter für Geschichte, Literatur und Kunst S. 82] und theile in der Beilage I ein Actenstück mit, welches für das schöne Verhältnis Wilhelms zu seinen Kindern ebenso charakteristisch ist, wie für sein Bestreben, Abscheu gegen den Protestantismus in ihnen zu erwecken. In einem Briefe der Hzge Philipp und Ferdinand an ihre Mutter Renata vom 26. Aug. 1593 wird der Tod des Hzs von Wirtemberg mit dem Zusatze erwähnt: „Ist zu erbarmen, das sein sel in ewickait der hellischen pein wierdt underworffen sein." Staats-Archiv München. A. 30/8. f. 81 Or. von Philipps Hand.

1) S. meinen Ursprung des 80jähr. Krieges I, 67.

gestelltes Gutachten vom 7. Juli 1591 den regierenden Herzog u. A. deshalb, sich als Vormund des Erzherzogs Ferdinand zur Mitzeichnung einer Religionsbewilligung an die Steiermärker verleiten zu lassen, weil das die bairischen Stände zu gleichem Begehren ermuthigen könne.[1]

Schon 1593 legte daher Maximilian seinem Vater nahe, die protestantischen Landstände zur Bekehrung oder zur Auswanderung zu zwingen, und bald nach dem Antritte der Alleinregierung fasste er die Frage, was sich in dieser Hinsicht thun lasse, ernstlich ins Auge.[2] Ihre Entscheidung wurde, wie es scheint, damals vertagt, denn Maximilian mochte fürchten, dass ein gewaltsames Vorgehen die Geldbewilligungen der protestantischen Reichsstände zum Türkenkriege, durch welchen er auch Baiern ernstlich bedroht erachtete, erschweren könne. Später folgten Verwickelungen im habsburgischen Hause und im Reiche, welche Vorsicht geboten.

Indes erliess der Herzog doch am 14. Mai 1608 ein Mandat, dass die nicht im Lande wohnenden protestantischen Besitzer bairischer Güter auf denselben ausschliesslich katholische Beamte halten, nur einige wenige Tage dort verweilen, bei ihren Besuchen weder ketzerische Bücher mitbringen noch solche in ihren Häusern aufbewahren oder lesen, nichts gegen den katholischen und für ihren Glauben reden, an verbotenen Tagen kein Fleisch essen und ihre bairischen Unterthanen nicht auf ihre auswärtigen Besitzungen und so in Gefahr des Abfalls bringen sollten.[3] Seit

---

1) St. A. München. A. 30/6 f. 423 Or. „Hetten sich E. Dt. inskonftig bei iren landen und leuten ainer bösen consequenz und nachvolg zu befaren, indeme si besorglich inskonftig die sachen dahin anziechen und nit wenig darauf trüngen mechten, das E. Dt. inen einwilligen wollten, was si andern landschaften gleichsam freiwillig zugelassen und verbrieft hetten."

2) M. Ursprung a. a. O.

3) Staatsbibliothek München. Cod. Germ. 2538 f. 75. Cop. Wiederholungen des Mandates v. 12. Nov. 1000 und 14. Apr. 1018 bei Freyberg Pragmat. Geschichte der bayer. Gesetzgeb. III, 160 f.

derselben Zeit scheinen diejenigen protestantischen Adlichen, welche im Lande selbst wohnten, zu gewissen Zeiten von der Regierung ihres Rentamtes vorgefordert und zur Bekehrung ermahnt worden zu sein.[1])

Sobald dann die politischen Verhältnisse im Reiche keine Bedenken mehr entgegenstellten, ging Maximilian gegen die Ansässigen ernstlicher vor. Am 21. April 1614 befahl er den Regierungen, dieselben mit Beihilfe von Jesuiten auf die Verwerflichkeit ihres Glaubens noch einmal nachdrücklich hinzuweisen und wenn sie sich nicht zur Bekehrung verständen, ihnen aufzuerlegen, dass sie binnen Jahr und Tag auswandern und ihre Güter verkaufen oder durch katholische Beamte verwalten lassen sollten. Ein achtzigjähriger, gichtbrüchiger und beinahe blinder Herr von Häckleder bat, als er weder zum Verkauf noch zu neuer Ansiedlung Gelegenheit fand und nach Ablauf des Jahrs zu sofortiger Auswanderung angetrieben wurde, um neue Frist. Sie wurde ihm, wie es scheint, wiederholt bewilligt, aber bald wollte man wenigstens seine Töchter bei katholischen Verwandten unterbringen, um sie der Ketzerei zu entreissen, und als der Vater während der Verhandlungen starb, die Verwandten nachwiesen, dass sie selbst mit Kindern überladen seien und das Vermögen zu anderweitiger Unterbringung der Töchter nicht ausreichte, verfügte der Herzog, dass sie von der alten lutherischen Mutter weg in „adliche" Dienste bei Katholiken gegeben werden sollten. Eine Frau von Rustorf, deren Mann und Kinder katholisch

---

1) Am 16. December 1608 meldet die Regierung zu Straubing, dass sie wiederholt selbst und durch Theologen mit einer adlichen Protestantin wegen ihrer Bekehrung gehandelt habe, dieselbe aber jetzt gestorben sei, und die Regierung von Burghausen berichtet am 28. April 1614, sie habe des Herzogs Resolution v. 21., was den unkatholischen Landsassen „zuer zeit, da sie ohnedas der religion halb erfordert werden", vorzuhalten, empfangen. Kreisarchiv München. Repert. IV, lit. R. fasc. 2/3 u. 1/2 Or. u. Cpt. Vgl. Agricola Hist. prov. sup. Germ. III, 846, wo die Angabe vielleicht aus dem angedeuteten Verfahren zu erklären ist.

waren, musste wiederholt Religionsgespräche mit Jesuiten bestehen. Ihr die Auswanderung, wie sie es selbst wünschte, zu befehlen, trug man Bedenken, weil ihr Mann sie unterhalten müsse, wenn der Vorwand freiwilligen Verlassens fehle. So wurde denn angeordnet, dass jener alle Quatember Jesuiten zu neuen Bekehrungsversuchen in sein Haus laden solle. Vielleicht wurde auch sonst noch Manchem die Auswanderung nachgesehen, denn Maximilian erneuerte zwar am 27. October 1617 den Befehl, auf ihr zu bestehen, forderte aber zugleich Bericht ein, wieviel Kinder die Hartnäckigen bei sich und an katholischen oder unkatholischen Orten hätten, da diese bei der Uebersiedlung der Eltern ebenfalls der Ketzerei verfallen würden.[1]) Vermutlich beabsichtigte er die Eltern zahlreicher Kinder zu dulden, um wenigstens letztere zu retten. Was geschah, ist nicht überliefert. Am 30. November 1629 wurde die Weisung, den etwa noch übrigen adlichen Ketzern eine Frist zur Auswanderung zu bestimmen, ohne Vorbehalt erneuert.[2])

Den Ankauf von Gütern durch ausländische Ketzer, die nicht im Lande wohnen wollten, hatte Maximilian bereits i. J. 1608 mit dem Beifügen untersagt, dass man sehen solle, die seit älterer Zeit in protestantischen Händen befindlichen Liegenschaften an Katholiken zu bringen.[3]) Am 30. Dezember 1619 befahl er

---

1) Obiges nach Acten des Kreisarchivs München. Rep. IV. lit. R. 1/2 u. 2/3. (Vgl. d Befehl des Hzs. v. 27. August und den Bericht der Regierung zu Burghausen v. 10. Sept. 1627 über den Hofmeister der Gräfin Maria Anna von Ortenburg, Konrad v. Forstau, der Protestant, ja Prediger sein solle und deshalb auszuschaffen sei.) Aus den erwähnten Acten erhellt, dass die Angabe bei Agricola III, 346, den prot. Landsassen sei schon 1608 die Wahl zwischen Bekehrung und Auswanderung gestellt worden, falsch ist. Sie hat mich in meinem Ursprung I, 67 getäuscht und zu irriger Auffassung des gleich zu erwähnenden Dekretes v. 30. Nov. 1629 verleitet.

2) Freyberg Gesetzgebung III, 168.

3) Dekret v. 22. Okt. 1608 mit Berufung auf ein kurz zuvor erlassenes. Kreisarchiv München. Rep. IV, lit. R. fasc. 2/3 Orig.

mit scharfem Verweise, dass ein entsprechendes Mandat nicht genug beherzigt sei, nicht nur keine weiteren Ankäufe zu gestatten, sondern alle (nichtadlichen) protestantischen Ausländer binnen drei Monaten zum Verkauf ihrer bairischen Güter zu zwingen.¹) Nicht minder tadelte er es, als in München der Rath den Verkauf eines Haustheiles an einen nürnberger Handelsmann zugelassen hatte, denn er wolle nicht gestatten, dass in seinem Lande und namentlich in seiner Residenz Häuser oder Wohnungen an Unkatholische verkauft würden. ²)

Mit protestantischen Unterthanen machte Maximilian noch weniger Umstände.

Als er 1608 in den Besitz zweier protestantischen Dörfer gelangte, wurden die Prediger sogleich weggejagt und den Unterthanen eine Frist zur Bekehrung oder Auswanderung bestimmt. Viele traten über. Für den Rest verlangten die herzoglichen Räthe eine Erweiterung der Frist um vier bis sechs Wochen, da sich vielleicht noch manche zum Glaubenswechsel verstehen würden. Maximilian aber schrieb eigenhändig an den Rand des Gutachtens: „Der Termin mag aufs längste noch auf drei Wochen bestimmt werden, damit sie nicht etwa auch die Anderen wieder verführen." ³)

Nachdem die Oberpfalz von den bairischen Truppen nach der Schlacht am Weissen Berge erobert worden, wurden bald gegen das bei der Besetzung gegebene Versprechen, welches Maximilian als Ueberschreitung der von ihm ertheilten Vollmacht für nichtig erklärte, zunächst die reformierten, dann die lutherischen Prediger vertrieben, und als 1628 das Land Maximilian zum Eigenthum überwiesen war, wurde den Einwohnern die Wahl zwischen Bekehrung und Auswanderung gestellt. In den Städten und Märkten hatte man schon vorher das beliebte Mittel angewendet, die Protestanten mit schwerer Einquartierung zu belegen,

---

1) A. a. O. Cpt
2) Dekret v. 26. Mai 1634. A. a. O.
3) Gutachten v. 18. Mai 1609. A. a. O. Rep. XIII. Geh. Rath n 630 f. 111 Or. und Agricola Hist. prov. sup. Germ. III, 345.

während man die zum Katholicismus Uebertretenden davon befreite. Als nun am 17. August 1628 die amberger Regierung meldete, der verstockten Ketzer seien nur noch so wenige, dass man die vier Fähnlein Kriegsvolk, welche im Lande unterhalten wurden, nicht mehr unterbringen könne, befahl Maximilian, die eine Hälfte der Besatzung zu entlassen; für die andere dagegen werde wohl bei den Halsstarrigen Raum zu finden sein, „ob sie schon dadurch desto mehr graviert werden." [1]) Für die Adlichen, welche ihre Güter durchaus nicht verkaufen konnten, ergiengen ähnliche Vorschriften, wie für .die ausländischen Besitzer bairischer Landsassengüter gegeben worden waren. [2])

Wie in der Reichsstadt Donauwörth, nachdem sie unter bairische Herrschaft gekommen, die Bürgerschaft unter frivoler Umgehung des Religionsfriedens durch die härtesten Bedrückungen und elende Quälereien zur Annahme des Katholicismus gebracht wurde, habe ich anderwärts aus den bairischen Akten und Jesuitenbriefen geschildert. [3])

In all diesen Schriftstücken wird während der zwanzigjährigen Bekehrungsarbeit nur ein einziges Mal und zwar als sie fast beendet war, von Maximilian die Mahnung ausgesprochen, zu sorgen, dass die Ueberzeugung dem Wechsel des Bekenntnisses entspreche, damit nicht das Altarssacrament durch unwürdigen Genuss entweiht werde. Wohl hatte schon vorher der Bischof von Augsburg darauf hingewiesen, dass nicht wenige Sacrilegien begangen worden seien, doch hatte er keine andere Folgerung daraus gezogen, als dass man durch Bestrafung der Schuldigen diese zu erneuter Annahme des katholischen Bekenntnisses zwingen, den Abfall anderer Convertiten verhüten und neue Bekehrungen veranlassen solle. [4]) Ebensowenig liessen sich die Jesuiten und ihre geist-

---

1) S. meinen Ursprung I, Nachtrag zu S. 474 Z. 2.
2) S. das treffliche Buch von E. F. H. Medicus Geschichte der evang. Kirche in Bayern. I, 457 f.
3) S. meinen Ursprung I, 265—270, 330—336, 447—484.
4) S. meinen Ursprung I, 480.

lichen und weltlichen Gehülfen in Donauwörth durch die gewisse Aussicht, manchen „Gottesraub" zu verursachen, irgendwie abhalten, mit Lockungen und Gewalt die Zahl ihrer „Schäflein", wie sie mit bezeichnender Vorliebe sagen, zu mehren. Nicht Glauben, sondern nur den „schuldigen Gehorsam" gegen die Kirche forderten sie.

Diesen Gehorsam hatte nun aber die weltliche Obrigkeit nach den Anschauungen der Zeit nicht nur zu „pflanzen", sondern auch bei denjenigen zu erhalten, welche ihm bereits unterworfen waren.

Zunächst galt es also, Verführung zum Abfall zu verhüten.

Solche drohte von Mähren her, indem die dortigen Wiedertäufer, die „Brüder", ihre Missionäre nach Deutschland aussandten, um ihre Lehre zu verbreiten und die ihr Gewonnenen mit sich hinwegzuführen. Ueberall sassen noch heimliche Anhänger der stillen Leute, in deren Mitte sich die innige, gemüthstiefe Religiosität, welche am Anfang des sechzehnten Jahrhunderts das ganze Volk erfüllte, zurückgezogen hatte, als die nationale Bewegung gebrochen und die Reformation vorwiegend Staatsangelegenheit geworden war. In Baiern aber musste der Ruf der Brüder um so mehr Gehör finden, je schwerer der Glaubenszwang die protestantisch gesinnten Unterthanen drückte und je verlockender die Aufnahme in die reichen und wohlgeordneten Gemeinden auf Mährens üppigen Gefilden den mit Herrendiensten und Steuern schwer beladenen Bauern erschien. In dem einen Jahre 1586 wanderten 600 Personen aus Baiern und Umgegend zu den Brüdern hinweg. Die scharfen Gegenmassregeln, welche Wilhelm V. sofort ergriff,[1]) scheinen freilich die Auswanderung rasch und durchgreifend beschränkt zu haben. Indes hielt man doch noch 1593, 1598 und 1616 für nothwendig die strengste Ueberwachung anzuordnen und mit den schwersten Strafen an

---

1) Lorenz Westenrieder Beyträge zur vaterländischen Historie, Geographie, Staatistik etc. VIII, 371 Anm.

Leib und Leben zu drohen, damit die Sendboten der Brüder sich nicht einschlichen oder Unterthanen zu ihnen auswanderten.[1]) Nicht minder schien der katholische Glaube in den meisten Grenzbezirken durch die protestantische Nachbarschaft bedroht. Es wurde daher streng verboten, dorthin zum Gottesdienste auszulaufen oder die Kinder zur Schule zu schicken,[2]) und den Obrigkeiten befohlen, sorgsam darauf zu achten, in welche Kirchen die Unterthanen gingen, und nicht zu dulden, dass sie die nunmehr ketzerisch gewordene Kirchen, wenngleich sie von Alters her dorthin gepfarrt seien, noch weiter besuchten. Die gegenüber solch verderblicher Ungebür nachlässigen Beamten sollten exemplarisch bestraft werden.[3]) Als einmal einige Unterthanen zu Söldenau ihre kleineren Kinder, für welche der Weg in eine katholische Schule zu weit schien, einige Tage lang in die protestantische nach Ortenburg geschickt hatten, wurden sie ins Gefängnis gelegt und Maximilian befahl, sie um Geld zu strafen und ihnen aufzuerlegen, dass sie die Kinder einige Zeit lang in die katholische Schule zu Passau — also von Hause weg — thun sollten, „bis sie allda den calvinischen bösen Funken, so sie empfangen, wiederum auslöschen."[4]) Einer der Schuldigen, bei welchem sich herausstellte, dass er neun Jahre lang in Ortenburg gewohnt und dort einigemal die protestantische Predigt besucht hatte, wurde, zumal sich bei ihm auch ketzerische Bücher fanden, auf die Folter gelegt und — allerdings ohne deren wirk-

---

1) Winter: Geschichte der baier. Wiedertäufer 128, 147 f. Freyberg: Pragmat. Gesch. der bayer. Gesetzgebung III, 158, Mandat v. 13. März 1598, Münchner Staatsbibl. Bav. 980 III und Landespolizeiordnung v. 1616, III, 3.
2) Mandat v 13. März 1598.
3) Dekret v. 13. März 1597. Münchner Bibl. Cod. Klöckel 36. Vgl. Freyberg Pragm. Gesch. III, 150, wo ohne Zweifel dies Dekret gemeint ist.
4) Dekret v. 28. Juni 1633. Kreisarchiv f Oberbaiern IV. lit. R. ad fasc. V, n. 14/2 Or. und Untersuchungsacten daselbst. Vgl. Kluckhohn: Die Jesuiten in Baiern. Hist. Zeitschrift XXXI, 357.

liche Anwendung — verhört, ob er im Glauben unrein sei, etwa noch Andere verführt und jene Bücher gelesen habe. Nur der Nachweis, dass er des Lesens unkundig sei und stets seine kirchlichen Pflichten als Katholik erfüllt sowie den rechten Glauben bewahrt habe, rettete ihn vor schwerer Strafe.[1]) Der Freiherr Georg von Maxlrain auf Hohenwaldeck aber wurde sogar dafür vor Gericht gezogen, dass er seine Unterthanen zu dem Leichenbegängnisse seiner Gemahlin, welche er in Regensburg lutherisch beerdigen liess, entboten hatte.[2])

Mit grösster Sorgfalt war man ferner bemüht, das Gift ketzerischer Schriften fernzuhalten. Noch war die Kunst des Lesens auch beim Volke gemein und in zahllosen Büchern, Tractätchen und Flugblättern kämpfte eine jede Religionspartei für die Ausbreitung und Vertheidigung ihrer Lehre. Aller Orten wurde daher gegen die Drucksachen wie in politischer so in kirchlicher Hinsicht strenge Censur geübt und protestantische Obrigkeiten waren auch hier nicht minder engherzig als die katholischen,[3]) so dass z. B. ein katholischer Gelehrter schon in Bezug auf ein 1543 von ihm veröffentlichtes philosophisches Werk zu klagen hatte, dasselbe sei auf Geheiss des nürnberger Rathes besonders an denjenigen Stellen verstümmelt worden, welche die lutherische Lehre zu berühren schienen.[4]) In Baiern aber war

---

1) Kreisarchiv, a. a. O. Vgl. Kluckhohn a. a. O. 366.
2) Dekret v. 18. August 1608. Münchner Bibliothek, Cod. Bav. 2538 f. 54b u. Dekret v. 26. Sept. 1608, dass der Hofrath binnen 14 Tagen das Urtheil sprechen solle. Kreisarchiv München IV, lit. R. ad fasc. V, n. 14/2 Cpt.
3) Vgl. Fr. Sachse: Die Anfänge der Büchercensur in Deutschland. C. A. Menzel: Neuere Gesch. d. Deutschen, II. 242, Fr. Hurter: Geschichte Kaiser Ferdinands II, I, 351, 387, 413, II, 312 Anm. 177.
4) Vgl. den in vielen Beziehungen interessanten, leider aber nicht vollendeten Aufsatz von Reichsarchivrath Muffat: „Die Kgl. Hof- und Staatsbibliothek zu München," in den bayer. Blättern für Geschichte, Statistik, Literatur und Kunst. S. 190.

die Aufsicht über die Literatur seit dem Beginne der Restauration mit der den Jesuiten eigenen Meisterschaft gehandhabt worden[1]) und Maximilian blieb auch in dieser Hinsicht nicht hinter seinen Vorgängern zurück. Da er erfuhr, dass trotz den früher ergriffenen Massregeln noch viele ketzerische Bücher im Lande vorhanden seien und fort und fort heimlich eingeführt würden, befahl er gleich nach dem Antritte seiner Alleinregierung in Erwägung, „welch beschwerlicher Unrath und Abfall von unserer wahren katholischen Religion mehrentheils und schier allein aus den verbotenen, falschen, ketzerischen Büchern, Tractätlein und Schriften entsprungen sei," bei höchster Strafe alle derartigen Druckschriften sofort auszuliefern zu lassen und an ihn selbst einzusenden. Er werde binnen kurzem durch eigene Commissionen aufs neue Haussuchungen veranstalten und jeden, bei welchem sich dann noch verbotene Schriften fänden, („daraus dann eines jeden ketzerisches, verstocktes und halsstarriges Gemüth unfehlbar abzunehmen) Anderen zu einem abscheulichen Exempel" strafen. Sogar die Geistlichen sollten nur, wenn sie besondere kichliche Erlaubnis dazu hätten, verbotene Bücher besitzen dürfen.[2]) Wiederholt wurden später diese Befehle unter Verschärfung ihrer Bestimmungen und Strafen erneuert[3]) und mehrfach plötzliche Haussuchungen vorgenommen.[4]) Auch die Buchläden wurden von Zeit zu Zeit unversehens visitirt; die ins Land kommenden Büchersendungen, besonders ihre Verpackungen, wozu vielfach nicht mehr anzubringende theologische Schriften verwendet wurden, die Felleisen, Koffer und Herbergen der Buchhändler wurden durch-

---

1) S. Kluckhohn in d. Hist. Zeitschrift XXXI, 358 ff.
2) Mandat v. 13. März 1598. Vgl. Freyberg Pragm. Geschichte III, 187 n. 16 und Westenrieder VIII, 382.
3) Freyberg Pragmat. Gesch. III, 126 ff. 165 f. Vgl. Prantl Gesch. der Ludwigs-Max Univers. I, 397.
4) Freyberg III, 160 u. Westenrieder Beitr. III, 160. Vgl. unten.

sucht und bei Jahr- und Tändelmärkten durfte keine Drucksache zum Verkaufe ausgelegt werden, ehe sie nicht von den Geistlichen und den Behörden des Ortes als unverfänglich anerkannt war. Späterhin machte dann Maximilian überhaupt das Recht, Bücher zu verkaufen, von einer besonderen Erlaubnis abhängig.[1]) Ueberdies aber wurden, sobald jemand starb, die im Nachlasse befindlichen Bücher untersucht und wenn sich anrüchige fanden, die ihren Besitzern angedrohte Strafe über die Erben verhängt.[2])

Als verboten galten nicht nur alle von Protestanten verfassten Bücher, sondern auch die, welche Glaubenssachen berührten und nicht an rein katholischen Orten — in Deutschland zu Cöln, Dillingen, Mainz, Freiburg im Breisgau und Innsbruck — gedruckt waren.[3])

Schriften, die in Baiern selbst erscheinen sollten, waren vorher, wenn sie nicht von Jesuiten verfasst waren, bis auf die Zeitungen und Flugblätter herab der geistlichen Censur zu unterbreiten. Zu Ingolstadt wurde diese von dortigen Theologen besorgt. Zu München war sie vom „geistlichen Rathe", einer aus Klerikern und Laien zusammengesetzten fürstlichen Behörde, geübt worden, bis Wilhelm V. sie 1587 demselben nahm. Er hatte sie den Jesuiten auftragen wollen, doch war es aus unbekannten Gründen nicht dazu gekommen. Als nun i. J. 1595 ein münchener Buchdrucker anfrug, wem er ein in Verlag genommenes Buch vorlegen solle, erfuhr Maximilian auf seine Erkundigung, dass in dieser Hinsicht keine Verfügung getroffen worden, die Jesuiten aber bereit seien, die Censur zu übernehmen, wenn der Oeffentlichkeit gegenüber der geistliche Rath die Verantwortung trage.[4]) Was er hierauf anordnete, habe ich nicht gefunden. In einem

1) **Freyberg** III, 126 ff. 165, 247.
2) Mandat v. 18. März 1598.
3) **Freyberg** III, 127, wo jedoch statt London natürlich Löwen zu lesen ist.
4) Hz. Maximilian an Hz. Wilhelm. 0. Sept. 1595. Reichsarchiv München. Baier. Dekrete VI, n. 39 Or.

Dekrete vom J. 1609 wird bestimmt, dass die Censur zwar in der Regel durch einige geistliche Räthe geübt werden, bei „etwas wichtigen und disputirlichen" Sachen jedoch stets „auch andere geistliche und gelehrte Personen", d. h. nach dem damaligen Kanzleistile, Jesuiten, zugezogen werden sollten.¹) In der herzoglichen Bibliothek wurden ketzerische Bücher in grosser Zahl gesammelt, um für katholische Schriftsteller ein Arsenal zur Widerlegung und Bekämpfung der Gegner zu bilden und zugleich wohl die Fürsten selbst in den Stand zu setzen, protestantischen Standesgenossen bei Gesprächen über die religiösen Streitfragen, welche gern angesponnen wurden, mit genügender Sachkenntnis entgegenzutreten. Die Erlaubnis, solche Bücher zu besitzen, zu lesen und anderen mit kirchlicher Erlaubnis Versehenen mitzutheilen, erbat Wilhelm V., nachdem sie seinem Vater vom Cardinal Morone, ihm vom Nuntius Ninguarda für ihre Person ertheilt worden, im Jahre 1597 vom Papste für sich und seine Nachkommen.²) Maximilian erliess später die Verfügung, dass von Ketzern verfasste Bücher nur dann angeschafft werden sollten, wenn der Verfasser ein berühmter Arzt, Geschichtsforscher [Jurist u. s. w.?] sei, Religionssachen nur beiläufig berühre, und die zur Büchercensur verordneten Theologen die Aufnahme gebilligt hätten.³) Ohne Zweifel schloss er jedoch damit nicht die theologischen Schriften aus, vielmehr mochte deren Erwerb aus den oben angegebenen Gründen als selbstverständlich erscheinen. Um Misbrauch der anrüchigen Bücher zu verhüten, wurden dieselben in besonderen, verschlossenen Schränken aufgestellt, deren Schlüssel eine zum Lesen ketzerischer Werke kirchlich bevollmächtigte Person in einem versiegelten Behälter aufzubewahren hatte, und sie durften nur denjenigen mitgetheilt werden, welche vom Papste oder der römischen Inquisition Dispense besassen.⁴)

1) Freyberg, Pragmat. Gesch. III, 126.
2) S. Beilage II.
3) (Muffat) in d. Bayer. Blättern 204 ff.
4) A. a. O. Vgl. Beil. II am Ende.

Aehnliche Gefahr wie das Lesen ketzerischer Bücher schien der Aufenthalt an unkatholischen Orten zu bereiten.

Das unbedachtsame Ausheirathen der Kinder an sektische Orte, sagt Maximilian in dem mehrfach erwähnten Mandate, welches er nach seinem Regierungsantritte erliess, reisse in Städten und Märkten und namentlich bei den Bauern immer mehr ein, so dass man, wo sich nur eine Gelegenheit zu reichlicher Nahrung oder Hoffnung auf ein geringes Vermögen biete, gleich blindlings darauf platze, Gott gebe, es gewinne hernach mit dem Seelenheil einen Ausgang, wie es wolle. Wenn er aber mit der dem Landesfürsten obliegenden Fürsorge diese wichtige Sache etwas besser zu Gemüth führe, so könne er nicht rathsam finden, dass er, obgleich das Heirathen an sich jedem frei stehe, seinen Unterthanen solche Freiheit oder vielmehr Frechheit der unschuldigen Jugend so weit einräumen müsse, wie es bereits an etlichen Orten unter dem Vorwande des Religionsfriedens einen Eingang gewinne. Deshalb sollten die Beamten, wenn sie merkten, dass dergleichen Heirathen im Werke seien, dieselben sofort verbieten und wenn sie keinen Gehorsam fänden, an ihn oder an die Regierungen berichten, welche schon wegen Abstrafung solchen verächtlichen Ungehorsams Anweisungen erhalten hätten.[1] Demgemäss wurden dann auch i. J. 1608 Unterthanen gestraft, welche ihre Söhne nach protestantischen Orten hatten heirathen lassen, und dabei dem Hofrathe eingeschärft, zu sorgen, dass derartige Vorkommnisse, welche an den Grenzen der pfälzischen Gebiete noch immer nicht selten sein sollten, völlig verhütet würden.[2]

Adliche und vornehme Bürger pflegten ferner dem Gebrauche der Zeit gemäss ihre Söhne zum Studium oder zur Erlernung von Sprachen, Handel und Künsten ins Ausland zu senden.

Schon Albrecht und Wilhelm hatten geboten, sich dabei auf katholische Orte zu beschränken, und Maximilian hatte darauf-

---

1) Mandat v. 13. März 1598.
2) Dekret v. 21. August 1608. Münchner Bibl. Cod. Bav. 2538 f. 55 Cop.

hin bereits zu der Zeit, wo er des Vaters Statthalter war, Zuwiderhandlungen gestraft.[1]) Nach seinem Regierungsantritte erneuerte er die Weisung, dass die jungen Leute in Deutschland ausschliesslich an katholische Orte geschickt werden sollten. Für das nichtdeutsche Ausland wurde ihnen die Vermeidung protestantischer Orte nicht auferlegt,[2]) doch sollte man sie vorher im katholischen Glauben so gut unterweisen, dass der Abfall nicht zu besorgen sei, und sie verpflichten, die Sacramente entweder katholisch oder gar nicht zu empfangen. Vor dem Verreisen sollte überdies die Erlaubnis der Regierung eingeholt und von dieser an den Herzog selbst berichtet werden. Unterliessen Eltern oder Vormünder die Anfrage oder schickten sie ihre Kinder an verbotene Orte, so sollte sie strenge Strafe treffen und den Vormündern auferlegt werden, die Kosten des Aufenthaltes im Auslande aus ihrem Säckel zu erlegen. Jünglingen, die in der Fremde vom Glauben abfielen, sollte die Rückkehr nicht gestattet werden.[3])

In noch weit grösserer Zahl als die Söhne der adlichen und bürgerlichen Geschlechter giengen aber auch unmündige und erwachsene Unterthanen ausser Landes, um Schulen zu besuchen,

---

1) Am 18 Mai 1595 verlangte Maximilian z. B. ein Gutachten, wie die Vormünder eines Knaben, der zu Nürnberg den Handel lerne, exemplarisch zu strafen seien. Cpt. Am 1. Febr. 1597 befahl die Regierung zu Straubing, einen anderen Knaben sogleich von Nürnberg weg an einen katholischen Ort zu thun. Cop. Da diesem Befehle nicht nachgelebt wurde und der Herzog von der Sache erfuhr, ordnete er am 12. Dez. eine Untersuchung gegen die Vormünder an. Or. Die Entschuldigung, dass der Knabe nach Nürnberg gebracht sei, um ihn von einer Krankheit heilen zu lassen, und dann seine Heimführung durch diese verzögert worden sei, erklärte der Herzog für ungenügend und behielt sich die Bestrafung der Wittwe und der Vormünder vor. 28. Febr 1598. Cpt. Kreisarchiv München. IV, Relig. fasc. 2/4.

2) In diesem Punkte habe ich das Dekret in meinem Ursprung u. s. w. I, 66, durch die Verfügungen Albrechts V. verleitet, missverstanden.

3) Mandat v. 13. März 1598.

Handwerke zu erlernen oder als Dienstboten und Gesellen ihren Unterhalt zu finden.

Deshalb befahl Maximilian, damit er in dieser Hinsicht künftig ein besseres Einsehen haben könne, am 30. September 1606 seinen Beamten, binnen vierzehn Tagen ein Verzeichnis einzusenden, welche „Landeskinder" ausserhalb Baierns seien, wo sie sich aufhielten und was sie trieben, sowie von nun ab keinen Unterthanen ohne vorgängige Anmeldung, welche in ein eigenes Buch einzutragen sei, ins Ausland ziehen zu lassen. Beamte, welche sich in dieser Hinsicht nachlässig zeigten und Unterthanen, welche jetzt etwas verheimlichten oder künftig die Anfrage unterliessen, sollten streng bestraft werden.[1]

Am 30. Januar 1607 wurde dieser Befehl durch ein geheimes Mandat wiederholt, auf alle Verreisenden ausgedehnt und mit dem Zusatze versehen, dass die Beamten über die auswärts befindlichen Unterthanen halbjährig nach Hofe berichten sollten. Dieselbe Pflicht wurde am 24. Oktober 1608 auch den Landsassen auferlegt[2]

Des weiteren verfügte der Herzog in dem Mandate, dass Unterthanen, die sich an Orten befänden, wo die katholische Religion nicht in freier Uebung sei, bei Verlust aller ihrer Rechte, Habe und Erbansprüche, beziehungsweise strenger Strafe gegen die Eltern und Vormünder binnen zwei Monaten heimzukehren hätten. Kämen sie oder in Zukunft Andere, welche sich auf Wanderungen oder in Diensten im Ausland befunden hätten, nach Baiern zurück, so sollten sie nicht über einen Monat geduldet, geschweige denn zur Ansiedelung zugelassen werden, wenn sie nicht dem betreffenden Seelsorger den Beweis der Unversehrtheit ihres Glaubens gäben.[3] An Orten, wo die katholische

---

[1] Mandat v. 30. Sept. 1606. Druck, Münchner Bibl. Bav. 960,III n. 28. (Das Original des Befehls war nach späteren Citaten am 18. Sept. ausgefertigt.)

[2] Münchner Bibliothek. Cod. Bav. 2538 f. 59 Cop.

[3] Ob hierbei die von Raupach Evangelisches Oesterreich I, 307

Religion neben der protestantischen in freiem Gebrauche, sollten die Unterthanen zwar verbleiben dürfen, doch binnen einem Monate durch glaubwürdige Urkunden nachweisen, dass sie bei Katholiken oder doch in solchen Diensten seien, wo sie an ihrer Glaubensübung nicht gehindert noch zum Abfall verlockt würden. Derartige Scheine sollten dann in Zukunft jedes Jahr zwischen Ostern und Pfingsten eingesandt werden.

Mit ihrer Ausstellung wurden eigene Agenten beauftragt, welche Maximilian zur kircklichen Ueberwachung seiner Unterthanen in Augsburg und Regensburg gleich nach Erlass des Mandats vom 30. September 1606 — den einen mit sehr hohem Solde — bestellt hatte und in anderen gemischten Städten, wo zahlreiche Baiern sich aufhielten, anzuwerben gedachte.[1])

Würden die Scheine nicht rechtzeitig eingeschickt, so sollten sowohl die Eltern und Vormünder als die sogleich heimzurufenden Säumigen gestraft werden, und um die Controlle zu erleichtern, sollte Allen, die in gemischte Reichsstädte zogen, wo Agenten waren, von der Heimathsbehörde ein Passzettel mitgegeben werden, welchen sie jenen nach ihrer Ankunft sogleich zustellen müssten.

mitgetheilten: „päpstliche, österreichische und bayrische Confessionsartikel" angewandt wurden, vermag ich nicht anzugeben.

1) Die Stelle bei Agricola Hist. prov. sup. Germ. II, 88 hat zu dem Misverständnisse Anlass gegeben, dass schon unter Albrecht und Wilhelm solche Agenten bestellt gewesen seien. Sie ist jedoch nur eine Vorwegnahme der von Maximilian jetzt begonnenen Massregeln, wie der Wortlaut des obigen Mandates und ein Gutachten der Hofkammer zeigt, welche am 7. Oktober 1606 den für Mathias Krinner (den augsburger Agenten) wegen ihr unbekannter Aufträge angewiesenen Gehalt von 200 Gl. viel zu hoch fand. Kreisarchiv München. XIV, Gesandte, n. 78 Or. Ueber die Agenten in Kaufbeuren vgl. das. n. 70 u. IV, lit. R. XIV, n. 3. Or. sowie mein Kaufbeuren und die baier. Restaurationspolitik 04. Kr. A. IV. Rel. 2/4 auch Briefe a. d J. 1636 über die Anstellung eines Agenten in Augsburg, wobei die dortigen Jesuiten zu Rathe gezogen wurden. Ausserdem finde ich später nur noch einen Agenten in Memmingen erwähnt.

Damit ferner nicht etwa Unterthanen, um die Religion zu wechseln, sich in der Fremde niederlassen könnten, erweiterte Maximilian ein schon am 1. Juli 1606 erlassenes Gebot[1]) dahin, dass nur die Heimathsbehörde eines Jeden die zur Ansiedlung nothwendigen Geburts-Leibeigenschafts- und Lehensbriefe ausstellen, eine derartige früher oder später anderweitig ausgebrachte Urkunde aber ungültig sein solle. Vor der Ertheilung der Briefe müsse der um sie Anhaltende nachweisen, dass er dem katholischen Glauben aufrichtig anhange und danach lebe. Sei jemand in der Religion verdächtig oder gar offen abgefallen, so solle sein Ansuchen zur Entscheidung nach Hofe geschickt werden. In gleicher Weise sei es mit der Ausfolgung von Erbschaften an auswärts Weilende zu halten.[2]) Und da Maximilian später erfuhr, dass manche Unterthanen sich schon vor ihrer Abreise unter dem Vorwande, dass die wenigen Zeugen ihrer ehelichen Abstammung während ihrer Abwesenheit sterben könnten, Geburtsbriefe ausstellen liessen, verfügte er am 23. Oktober 1608, dass man hinfort die Urkunden zwar aufsetzen, aber nicht mitgeben solle, damit die Unterthanen nicht freie Hand hätten, Ketzer zu werden.[3])

Gegen diese Bestimmung machte der Hofrath geltend, sie

---

1) Geburtsbriefe, welche an sektischen Orten befindliche Unterthanen sich von einer anderen als der heimischen Behörde ausstellen lassen, sollen nichtig sein. München Bibl. Cod. Bav. 2538 f. 28. Vgl. Freyberg III, 102.

2) Mandat v. 30. Jan. 1607. Münchner Bibl. Bav. 960/III n. 30 und mit Datum und Ausfüllung anderer freigelassenen Stellen Reichsarchiv München, 30 jähr. Kriegsacten tom. II, f. 85. Druck. Vgl. Freyberg III, 163. Merkwürdiger Weise finden sich Kreisarchiv München IV, lit. R. fasc. 1/2 und 2/4 Dekrete v. 6. und 13. August 1607, keine Kinder ohne hzl. Erlaubnis an sektische Orte schicken zu lassen, worin auf das Mandat v. 30. Jan. gar nicht Bezug genommen wird.

3) A. a. O. 2/4. Cop. Vgl. Freyberg III, 164, welcher auch ein Dekret v. 29. August gleichen Inhaltes anführt.

werde das Mistrauen der protestantischen Reichsstände erregen und bewirken, dass dieselben in gleicher Weise ihre Unterthanen verhinderten, sich zum Zwecke der Bekehrung an katholischen Orten niederzulassen; auch könnten die Unterthanen [auf Grund des Religionsfriedens] beim Kammergericht klagen. Maximilian fand jedoch diese Bedenken unerheblich und andererseits den Vorschlag des Hofrathes, sich dadurch zu versichern, dass man die Verreisenden erst beichten und communicieren sowie das Glaubensbekenntnis beschwören lasse, nicht ausreichend, weil wiederholt Unterthanen, welche so ihren Geburtsbrief erlangt hätten, gleich danach abgefallen seien. Demgemäss liess er es unter unwesentlichen Aenderungen bei seiner Verfügung, ordnete aber zugleich auch eigenhändig die Vornahme der erwähnten Probe „zu mehrer Sicherheit" an.[1])

Am 14. März 1609 wurde dann das Mandat von 1607 wiederholt und gemäss der eben erwähnten Verfügung nachgetragen, dass die Legitimationsurkunden, um späteren Misbrauch zu verhüten, nur auf einen ganz bestimmten Grund hin, dessen Triftigkeit wohl zu prüfen sei, ertheilt werden sollten. Auch wurde verfügt, dass über Unterthanen, die auswärts aus eigenem Muthwillen und nicht von den Herrschaften gezwungen, (wogegen bei den Agenten Hülfe zu suchen sei) die Pflichten ihres Glaubens versäumten, sich mit Protestanten verheiratheten oder gar abfielen, sogleich nach Hofe zu berichten sei.[2])

Nachdrückliche Einschärfungen erfolgten später mehrfach,[3])

---

1) Dekret vom 10. Dec. 1608. Münchner Bibl. Cod. Bav. 2538 f. 64 Cop. Die Nachr. ist ohne Zweifel v. Hz. wie in allen ähnlichen Fällen. Vgl. die Geistl. Raths-Instruktion v. 20. Dec. 1608 b. Freyberg III, 105.

2) Münchner Bibl. Bav. 960/III. n. 85 Druck. Vgl. Freyberg III, 327.

3) Dekrete v. 9. Febr. 1612 bei Krenner. Landtag v. 1612, 141 (unter Androhung von Strafen für die nachlässigen Landstände) v. 18. Nov. 1627 und v. 29. März 1636 (mit eighd. Zusätzen) sowie Instruction f. d. Agenten. Kreisarchiv München IV, lit. R. fasc. 2/4.

und an zahlreichen Fällen können wir verfolgen, mit welcher Sorgfalt und Härte Beamte, Landsassen und Unterthanen in Bezug auf die Ausführung der Mandate überwacht wurden.[1] Der Druck aber, welcher dadurch auf die Unterthanen gelegt wurde, war um so empfindlicher, als die Armuth der Heimat sie zwang, ihre Nahrung im Auslande zu suchen. Auch darf man nicht übersehen, dass Maximilian in der That gegen den Religionsfrieden handelte, wenn er seinen Unterthanen verwehrte, sich des Glaubenswechsels halber im Auslande niederzulassen. Er mochte sich freilich in seinem Gewissen damit beruhigen, dass der Vertrag nur von Unterthanen spreche, welche bereits protestantisch seien, wie er in ähnlicher Weise das Gesetz in Donauwörth umgieng: dessen Sinn aber war unzweifelhaft der, dass Jeder, welcher den Glauben seines Landesherrn nicht bekennen wolle, gegen leidliche Abgaben mit Hab und Gut auswandern könne.

Nach dem Gesagten ist es selbstverständlich, dass auch das Hereinheirathen von Protestanten nach Baiern untersagt war, falls nicht die Bekehrung versprochen wurde.[2] Wenn Maximilian ein Mal einem Adlichen Erlaubnis zur Heirath einer Protestantin mit dem Beisatze gab, „dann Wir zu unserer katholischen Religion Niemanden gegen seinen Willen zu nöthigen begehren und Wir als Landesfürst wider solche Verehelichung nicht bedenken haben,"[3] so war das gewiss nur „ein Specklein auf die Falle" und von vornherein ein Zugeständnis von sehr zweifelhaftem Werthe, weil die Ausübung des protestantischen Glaubensbekenntnisses im Lande nicht geduldet wurde.

In letzterer Hinsicht war Maximilian so ängstlich besorgt,

Cpt. Wörtlicher Abdruck des Mandats v. 1600 v. 20. Dec. 1641. Münchner Bibl. Bav. 960/IV. n. 50. Instruction für den Geistl. Rath bei **Freyberg** III, 105.

1) Sieh Beilage III.
2) **Freyberg** III, 185. Vgl. meinen Ursprung etc. I, 459 (über Sodeur.)
3) **Freyberg** III, 167.

nicht an dem ketzerischen Gottesfrevel mitschuldig zu werden, dass er i. J. 1646 dem in Schärding gefangen sitzenden Feldmarschall von Schmidtberg bedeuten liess, derselbe solle seinem neugebornen Sohn entweder die katholische Taufe ertheilen lassen, da diese auch von den Lutherischen und Calvinisten als gültig angesehen werde, oder das Kind ausser Landes zur Taufe schicken, da er dergleichen unkatholische Glaubensübungen in Baiern nie gestattet habe noch dulden wolle.[1]

Den Schlussstein der Schutzmauer für die bairische Glaubensreinheit bildeten endlich die Vorkehrungen, welche getroffen wurden, damit sich nicht Leute, welche insgeheim ketzerisch gesinnt seien, in Baiern einschlichen oder dort blieben.

Es geschah wohl bereits auf Betrieb Maximilians, wenn Wilhelm V. 1591 den Befehl erliess, dass von seinem eigenen Sohne angefangen alle fürstlichen und bürgerlichen Beamten und Bediensteten bis zu den untersten herab sowie alle lateinischen und deutschen Schulmeister sogleich professio fidei leisten, d. h. das tridentinische Glaubensbekenntnis beschwören sollten, und dass in Zukunft Niemand ohne solchen Glaubenseid angestellt oder zu Diensten zugelassen werden dürfe.[2] Als dann letztere Verfügung schon nach drei Jahren vielfach in Vergessenheit kam, wurde sie, sobald man es bei Hofe erfuhr, erneuert[3] und in der Folge erinnerte Maximilian noch mehrfach daran,[4] wie er denn 1598 auch verordnete, dass in den Städten und Märkten Niemand als Bürger oder Inwohner aufgenommen worden solle,

---

1) Kreisarchiv München. IV, lit. R. fasc. 2/3 f. 569. Cpt.
2) Hz. Wilhelm an den Probst und Dechant von U. L. Frau zu München 14. u. 23. Dec. 1591. Reichsarchiv München. Bair. Dekrete IV, n. 69 u. 70. Or. Entsprechende Befehle an die Hofkammer v. 23. Dec. 1591 und an Statthalter und Räthe v. Ingolstadt v. 6. Febr. 1592. Kreisarchiv München. I, Beamte 2/2 und IV lit. R. fasc. 2/3 f. 353 Orr.
3) Dekrete v. 3. u. 6. Nov. 1595. A. a. O. I, Beamte 2/2 Or. u. Cpt.
4) Dekrete v. 25. März 1606. A. a. O. Or. u. v. 17. Dec. 1609. Münchner Bibl. 2588 f. 77 Cop.

der nicht vorher in Gegenwart des Pfarrers und eines Rathsherrn den Glaubenseid ablege.¹)

Die Schulen wurden ausserdem noch bis auf die der Jesuiten stetiger Aufsicht durch Geistliche und Beamte unterstellt²) und da ihre Ueberwachung auf dem Lande schwierig war, wollte Maximilian sie dort ausser denen in grossen Dörfern, obgleich er sonst das Unterrichtswesen eifrig pflegte, gänzlich unterdrücken und machte auf die Gegenvorstellungen der Landstände wenigstens die Eröffnung neuer von seiner Erlaubnis abhängig.³)

IV.

Mit der Fernhaltung schädlicher Einflüsse glaubte Maximilian indes seinem fürstlichen Amte noch nicht genug gethan zu haben. Er liess sich vielmehr nicht minder angelegen sein, dass seine Unterthanen ihrem Glauben gemäss lebten.

Hierfür betrachtete er mit Recht als eine wesentliche Vorbedingung, dass die Geistlichkeit seines Landes die Pflichten ihres Berufes mit Eifer erfülle. Er suchte daher die Heranbildung guter Geistlichen auf alle Weise zu fördern und die im Amte befindlichen zu standesgemässem Leben und Wirken anzuhalten.

Trotz den eifrigen Bemühungen, welche Albrecht und Wilhelm in dieser Richtung angewandt hatten, und obwohl die ganze jüngere Geistlichkeit überwiegend, wenn nicht ausschliesslich, von den Jesuiten erzogen wurde, blieb doch der bairische Klerus noch immer von seinem Ideale weit entfernt.

1) Mandat v. 13. März 1598.
2) Freyberg III, 185, 277 ff. 294.
3) Polizei-Ordnung v. 1616, III, 10, 3. Vgl. Kluckhohn in d. Hist. Zeitschrift XXXI, 415 f. und desselben Beiträge zur Geschichte des Schulwesens in Bayern, in d. Abhdl. der kgl. bayer. Akad. XII, III, 23 ff. sowie meine Anzeige letzterer Schrift in der Hist. Zeitschr. XXXVI, 191 ff.

Vor allem herrschten Trunksucht und Unzucht unter seinen Mitgliedern.[1]

Um letzterer entgenzuwirken, hatten Albrecht und Wilhelm u. A. bestimmt, dass jeder Gutsherr und Beamte um 500 Gulden gestraft werden solle, wenn auf seinem Besitze oder in seinem Amtsbezirke ein Pfarrer getroffen werde, der seine Haushälterin lieber habe, als recht sei. Die geistlichen Herren setzten aber ihre Patrone mitunter in arge Verlegenheit. So klagte z. B. 1585 der Freiherr Georg von Törring zu Seefeld, dass drei seiner Pfarrer, nachdem er ihre Concubinen aus den Pfarrhöfen vertrieben, diesen in der Nachbarschaft eigene Häuser gekauft hätten und er nun nicht wisse, wie er dort die nächtlichen Zusammenkünfte hindern solle.[2]

Maximilian erneuerte die alten Strafbestimmungen, an welche er schon als Statthalter seines Vaters mit Nachdruck erinnert hatte,[3] sogleich nach seinem Regierungsantritte, weil das ärgerliche Unwesen mit den Concubinen durch die Nachlässigkeit der Gutsherren und Beamten „schier je länger je mehr überhand nehme", und erklärte, dass er von jenen die festgesetzte Busse unerbittlich eintreiben werde, wenn nicht binnen vier Wochen die Weibsbilder weggeschafft würden.[4] Und als trotzdem nicht der gewünschte Erfolg eintrat,[5] wurde er nicht müde, neue Verordnungen zu erlassen.

So befahl er am 1. Januar 1607, die Concubinen im ersten Falle dreimal vor der Kirchthüre im Bussgewande auszu-

---

1) Vgl. den Bericht bei Wolf Geschichte Maximilians I, 427 ff. Friedberg Grenzen zw. Staat u. Kirche 227 und die anzuführenden Verordnungen.
2) T. an den Kanzler Christof v. Elsenheim, 25. Juli 1585. Staatsarchiv München. A. 227/4 f. 57 Or.
3) Mandate v. 15. Jan. 1595 25. April 1596. Münchner Bibl. Cod. Klöckel. 23 n. 19 u. 21, n. 23. Druck.
4) Mandat v. 13. März 1598.
5) Vgl. Krenner Landtag v. 1605 S. 262.

stellen und auf sechs Meilen weit vom Orte ihres Verbrechens zu verbannen, im zweiten Falle sie an den Pranger zu stellen und auf gewisse Zeit aus dem Lande zu schaffen, im dritten Falle aber sie mit Ruthen zu streichen und für ewig des Landes zu verweisen,¹) und zwar sollte dies Mandat nicht nur öffentlich angeschlagen, sondern den Unterthanen noch eigens vorgelesen werden,²) ohne Zweifel, damit die Aufsicht vermehrt werde. Den Klöstern untersagte Maximilian i. J. 1625 das Halten weiblicher Dienstboten gänzlich³) und 1646 wurde bestimmt, dass nicht nur die Landgerichte, sondern auch die Hofmarksherren die Concubinen abstrafen könnten,⁴) was der sonst auf seine landesfürstliche Vollgewalt so eifersüchtige Fürst wohl nur deshalb zugestand, um durch Heranziehung des Interesses der Gutsherren das Einschreiten zu fördern.

Nicht minder traf Maximilian Verordnungen gegen das Zechen der Geistlichen⁵) und in der Polizeiordnung von 1616 bestimmte er, dass kein Wirth über die unvermeidliche Hausnothdurft d. h. für Zehrung im Wirthshause einem reichen Pfarrer mehr als 10 Gulden, einem armen mehr als 5 und einem Beneficiaten oder Gesellpriester mehr als 2 Gulden borgen solle.⁶)

Ueberdies liess der Fürst den Klerus in Hinsicht auf die genannten zwei Laster und in allen anderen Beziehungen durch seinen geistlichen Rath und die Beamten genau überwachen und

---

1) Dies Mandat ist bei **Freyberg** III, 119 Anm. vom 1. Jan. 1617 datiert, doch halte ich dies für einen der mitunter in den Randbemerkungen vorkommenden Druckfehler, da Kreisarchiv München IV lit. R. fasc. 2/3 f. 499 ein Begleitschreiben v. 13. Jan. 1607 zu einem dort fehlenden Mandat über Schärfung der Strafen gegen Concubinen vorliegt.
2) S. das angeführte Begleitschreiben.
3) **Freyberg** III, 118 Anm.
4) Münchner Bibl. Cod. Bav. 2544, I, f. 28ᵍ Hofrathsbeschluss v. 13. März 1646. Exc.
5) **Freyberg** III, 119 Anm.
6) Polizeiordnung III, 1, 11.

schritt, wo es sich nicht um rein geistliche Vergehen handelte, selbst ein, in den übrigen Fällen aber mahnte und drängte er unermüdlich die kirchlichen Oberen zur Handhabung der Zucht und verklagte dieselben wohl gar wegen ihrer Lässigkeit beim Papste.[1]) Anderseits suchte Maximilian seine Geistlichkeit zu erspriesslicher Einwirkung auf das Volk anzufeuern.

So sagte er in dem Mandat von 1598: „Anfangs ist leider vor Augen, dass der Zorn und die Plagen Gottes bei den dieser Zeit hin und wieder schwebenden Kriegsempörungen, Pestilenz und allerlei gefährlichen Suchten und Krankheiten nicht allein nicht ab, sondern je länger je mehr an verschiedenen Orten und theils auch in unseren Fürstenthümern ganz erschrecklich zunehmen und wachsen, welches dann allermeist daher erfolgt, dass bei jetziger gottlosen verruchten Welt allerhand Sünden und Laster von Tag zu Tag überhand nehmen. Wann aber einmal gewiss, dass wir dem schweren Zorn und Ruthen Gottes durch kein anderes Mittel als eine rechtschaffene, wahre, ernstliche Busse entfliehen können, demnach so wollen wir hiermit und ist unsere ernstliche Meinung, dass die Seelsorger und Pfarrherrn das Volk allenthalben und zu jeder Zeit in ihren Predigten mit allem Fleiss ermahnen, dass es von seinem sündlichen Leben abstehe, Reu und Leid darüber trage, und sich so zur heilsamen Beicht und Empfahung des hochwürdigen Sacraments des Altars, vornehmlich jetzt um die österliche Zeit ohne allen ferneren Verzug schicke und bereit mache, damit es dadurch wieder in die Huld Gottes kommen möge. So dann ferner an dem Beispiel geistlicher . . . Obrigkeiten vornehmlich gelegen, sollen die Geistlichen dabei ihr Amt mit rechtschaffenem christlichen Eifer verrichten und sich aller Leichtfertigkeit und Aergernis gänzlich enthalten."[2])

1) S. die in meinem Ursprung etc. I, 68 Anm. 1 angezogenen Quellen.
2) Mandat v. 13. März 1598. Im Verfolg des Mandates wurde dann die Geistlichkeit noch mehrfach zur Predigt gegen verschiedene Laster ermahnt.

Ebenso forderte er die Geistlichkeit in der Polizeiordnung von 1616 wie in anderen Mandaten [1]) auf, dass sie das Volk zur Beobachtung der von ihm erlassenen sittlichen Gebote in ihren Predigten fleissig ermahnen und demselben vorstellen sollten, „wie der allmächtige Gott, unser Heiland, durch die Laster so grässlich beleidigt, seine göttlichen und der hl. christlichen Kirche Gebote merklich verachtet und dadurch Leib, Gesundheit, Vernunft, Ehre und Gut verschwendet und zuvorderst die Seele in ewige Verdammnis gesezt werde." Den Eifer der Geistlichen in dieser Hinsicht werde er mit besonderem Wohlgefallen bemerken und mit Gnaden belohnen. [2])

Um ferner dem Volke genügende Kenntnis seines Glaubens zu verschaffen, worin er einen weiteren Grundstein für die Auferbauung der Kirche Gottes in seinem Lande erblickte, verordnete Maximilian am 2. März 1607, dass an allen Sonn- und Festtagen nach der Mittagspredigt „Kinderlehre" gehalten, d. h. die Jugend im Katechismus unterrichtet und geprüft werden und dabei die übrige Gemeinde gegenwärtig sein solle. Unablässig war er dann bemüht, die Geistlichen zu eifriger Abhaltung, die Laien zu fleissigem Besuche dieses Unterrichts anzuhalten. Nicht einmal die Winterkälte und die Weite des Weges sollten als Vorwand der Unterlassung gebraucht werden. Durch Geschenke liess er die Kinder anlocken und da ihm später der halbstündige Unterricht nicht genügend schien, befahl er, damit eine gründlichere Unterweisung im Katechismus möglich sei, in den hinlänglich bevölkerten Orten, wo noch keine Schulen vorhanden seien, solche zu errichten, und wenn das Vermögen der Gemeinde nicht ausreiche, die Kirchen zu Beisteuern heranzuziehen. [3])

Nicht minder suchte er für würdige Abhaltung des Gottes-

1) Z. B. Mandate v. 1. u. 2. Dec. 1604. Münchner Bibl. Bav. 960/III n. 19 u. 20 Drucke.
2) Polizeiordnung V, 8, 11.
3) Freyberg III, 279 ff. Vgl. Dekret v. 24. Okt. 1641. Münchner Bibl. Cod. Klöckel. 40 n. 7. Cop.

dienstes zu sorgen und da ihm zu diesem Zwecke natürlich der von den Jesuiten beobachtete römische Ritus am dienlichsten dünkte, führte er diesen i. J. 1605, in der Frauenkirche zu München¹) und dann wohl überall ein. Desgleichen ordnete er die Abhaltung von Sacramentsprocessionen an den Donnerstagen, ²) die Anstellung zehnstündiger Gebete an den Sonntagen der Faste, ³) das Abläuten für die Verstorbenen und Aehnliches an. ⁴) Auch führte er, obgleich der Verminderung der Arbeitstage nicht geneigt, einige neue Feste, welche die Jesuiten begünstigten, ein, ⁵) u. A. am 27. November 1629 nach dem Beispiele Kaiser Ferdinands II. das Fest der unbefleckten Empfängnis Mariä, welches entsprechend dem stolzen, die katholische Partei im Reiche damals erfüllenden Siegesgefühle der bleibende Ausdruck ihres Dankes gegen Gott und die hl. Maria, der man die Ueberwindung der Ketzer vor allem zuschrieb, worden sollte. ⁶)

Daneben benützte Maximilian gern noch besondere Anlässe, um das Volk zur Frömmigkeit anzueifern.

Als die Türken den Krieg gegen den Kaiser wieder eröffnet und einige Erfolge errungen hatten, wurde am 12. August 1592 der Befehl erlassen, das Volk in den Predigten eindringlich zu ermahnen, dass es den Zorn Gottes, welcher wegen der Sünden

---

1) Hz. Maximilian an das Capitel bei U L. Frau. 17. April 1605. Reichsarchiv München. Bairische Dekrete VII, n. 133ᵃ˙ Or. und Dekret Hz. Wilhelms v. 9. Sept. 1605 mit Beilage, das Unteklierte Fürstensachen. Die Kosten der Aenderung beliefen sich danach auf 2785 Gl.
2) Sieh unten.
3) Bemerkung in einem Mandat v. 29. Mai 1610. Kreisarchiv München IV, lit. R. fasc 2/4 Druck.
4) Westenrieder, Beiträge III, 162.
5) Vgl. Friedberg Grenzen zw. Staat und Kirche 283 und Freyberg III. 168. Am 8. Juni 1638 wurde das Fest Mariä Heimsuchung eingeführt. Münchner Bibl. Cod. Bav. 2644, I, f. 44ᶠ˙
6) S. das auch in politischer Beziehung höchst beachtenswerthe Dekret in Beilage II. u. die Vorrede b. Caraffa Germ. s. rest.

der Christen das Vordringen des Erbfeindes verhänge, durch herzliche, beständige Reue, Busse und Gottesfurcht und durch eifriges Beten versöhne; ein eigens von Hofe mitgesandtes Gebet sollte nach dem Gottesdienste verrichtet, mindestens Freitags eine Litanei gesungen und täglich nach dem Mittagläuten durch eine besondere Glocke zum Gebete für die Anliegen der Christenheit und die Abwendung der Kriegsempörungen, insbesondere der Tyrannei des Türken eingeladen werden.[1]) In den folgenden Jahren erneute Maximilian dann wegen der andauernden Türkengefahr die Mahnungen zu Gebet, Busse und guten Werken wiederholt noch dringender und verordnete, dass eigene Processionen, vierzigstündiges Gebet und in den Klöstern ausserordentliche Gottesdienste und Gebete gehalten werden sollten.[2])

1610 befahl er wegen der in Deutschland und anderen Ländern die katholische Kirche mit grosser Gefahr bedrohenden Kriegsempörungen an allen Sonn- und Festtagen das zehnstündige Gebet, täglich eine Litanei, Freitags eine Procession und in den Klöstern besondere Gebete zu halten, das Volk aber zugleich in kurzen Predigten zur Busse anzueifern.[3]) Ebenso liess er beim Ausbruch des dreissigjährigen Kriegs zwei Monate lang in allen Kirchen das zehnstündige Gebet abhalten und zur Busse und Besserung mahnen,[4]) und ohne Zweifel folgten während des Krieges noch

---

1) Münchner Bibl. Cod. Klöckel. 21, n. 18 mit beiliegendem Gebete. Dass dieses Mandat v. Maximilian ausging, zeigt ein Schreiben desselben v. 29. August an Hz. Wilhelm. Reichsarchiv München bair. Dekrete VI, n. 1 Or.

2) Mandate v. 12. Nov. 1593 und 25. April 1596. Cod. Klöckel 21, n. 19. u. 23; v. 15. Jan. 1595 das. 23. n. 10; v. 22. August 1594 das. 24. n. 11; v. 15. Juli 1605. Bav. 960 III n. 22. (Vgl. Freyberg III, 102.) Wahrscheinlich wurden die Befehle bis 1606 jährlich wiederholt. Gebete gegen die Türkengefahr wurden übrigens auch in den Reichsabschieden angeordnet.

3) Mandat v. 29. Mai 1610. Kreisarchiv München IV, lit. R. 2/4 und Müncher Bibl. Bav. 960/III n. 89 Drucke.

4) Mandat v. 7. Okt. 1619. Münchner Bibl. Cod. Klöckel. 36, n. 38. Cop.

oft ähnliche Verordnungen, wie denn der Fürst selbst, als er, durch das Vordringen der Feinde gezwungen, drei Jahre lang in Braunau weilte, alle Freitage sogar beim schlechtesten Wetter einer Procession anwohnte. [1])

Diesen Bestrebungen für die Besserung des Klerus und die Erweckung religiösen Sinnes gingen zahlreiche Verbote gegen die Laster der Laien zur Seite.

Schon Aventin hatte es bekanntlich als Eigenthümlichkeit des bairischen Stammes bezeichnet, dass derselbe dem Dienste des Bachus und der Venus obliege. Seitdem hatten derartige Ausschweifungen wie überall in Deutschland nur noch zugenommen.

Maximilian mahnte daher schon vor seinem Regierungsantritte zu strengem Einschreiten gegen die Unsittlichkeit. [2]) Gleich nach demselben schärfte er die alten Strafbestimmungen und verordnete, dass „Leichtfertigkeit", d. h. die Unzucht Lediger bei mehrfacher Wiederholung mit Leibes- und Schandstrafen und Landesverweisung, der Ehebruch aber gleich im ersten Falle an Leib und Gut, ja bei erschwerenden Umständen mit dem Tode bestraft werden solle. [3])

Im nächsten Jahre fügte er hinzu, da die Unsitte einreisse, dass Dienstboten sich nur mit dem Vorbehalte, bei einander schlafen zu dürfen, verdingten und wenn ihnen dies nicht gestattet werde, aus dem Dienste träten, solle man auf solche Leute fleissige Spähe halten und sie so lange, bis sie gelobten von ihrem Vorhaben abzustehen, bei geringer Atzung ins Gefängnis legen, die Halsstarrigen aber mit Schandstrafen und Landesverweisung heimsuchen. [4])

Die Polizeiordnung von 1616 traf dann die eingehendsten

---

1) Adlzreiter: Annales Boicae gentis III, 35, n. 5. — Die Anordnung von Gebeten und Gottesdienst wegen der Pest erwähnt Freyberg III, 168.
2) Mandat v. 15. Jan. 1596 aus Anlass der Türkengefahr. Münchner Bibl. Cod. Klöckel. 23. n 19.
3) Mandat v. 13. März 1598.
4) Mandat v. 12. Febr. 1599. Freyberg III, 160.

und strengsten Bestimmungen. Für den ersten Ehebruch wurde den Männern je nach den Ständen Gefängnis und Geldstrafe, den Adlichen fünfmonatlicher Kriegsdienst mit vier Pferden gegen den Türken oder zur Landesvertheidigung angedroht. Beim zweiten sollten Bauern und Bürger auf ewig des Landes verwiesen, Adliche und städtische Geschlechter oder Beamte der Ehren, der Kleidung und des Schmuckes ihres Standes verlustig, zu keinem Amte mehr fähig und von jeder ehrlichen Gesellschaft ausgeschlossen sein. Im dritten Falle gieng es nach Karls V. peinlicher Halsgerichtsordnung an Leib und Leben. Von den Weibern wurden die der Beamten, Rathsherren, Kaufleute u. s. w. nach dem ersten Falle unehrlich; adliche Frauen durften von ihren Männern auf Lebenszeit eingemauert werden; im übrigen traf die Weiber gleiche Ahndung wie die Männer. Ledige Männer, welche sich mit Frauen vergingen, sollten nicht mehr die Strafen „gemeiner Leichtfertigkeit", sondern die vorgenannten erdulden und ebenso ledige Frauenzimmer für Unzucht mit Ehemännern strenger als bis dahin gezüchtigt werden. Den unschuldigen Ehegenossen stand überdies die Klage auf Scheidung frei.[1]) Kuppler und Kupplerinnen wurden mit Tragen des Lastersteines und ewiger Landesverweisung bedroht. Wilde Ehen sollten getrennt und ernstlich bestraft werden, namentlich wenn der eine Theil sich hatte scheiden lassen, in welchem Falle auch die etwa von der Geistlichkeit für das Zusammenleben ertheilten Toleranzscheine, die sonst anerkannt wurden, nicht gültig sein sollten. Verführung wurde bei Wiederholung an Leib und Leben gestraft. Prostitution traf Ausstäupung mit Ruthen und ewige Landesverweisung. Leichtfertige Unzucht unter Ledigen, welche besonders auf dem Lande sehr einreisse, sollte ernstlich gebüsst und sogar wenn sich die Schuldigen heirathen wollten, nicht ohne Strafe gelassen werden. Die „Rocken- und Gunkelreisen", die Feiernächte und Nachtheimgärten, bei welchen die jungen Leute zusammenkamen und leicht

---

1) Polizeiordnung V, 9, 2--12.

Ungebühr getrieben wurde, verbot die Ordnung gänzlich; in die Spinnstuben befahl sie nur Weiber zuzulassen und nur bei ausserordentlichen Arbeiten die Mithülfe beider Geschlechter in Anspruch zu nehmen, dabei aber für Fernhaltung jeder Ungebür zu sorgen. Bei Hochzeiten endlich sollten die üblichen „schambaren" Reden, Geschrei und Gebärden bei ernstlicher Strafe unterlassen werden.[1])

Auch diese Verfügungen wirkten jedoch nicht in gewünschter Weise. Namentlich seitdem der dreissigjährige Krieg Heere von Freund und Feind nach Baiern führte, nahm die Unsittlichkeit unter allen Ständen und besonders unter dem Volke zu. Maximilian glaubte auch wahrzunehmen, dass die Beamten und Gutsherren in Ausführung der Verordnungen von 1616 nachlässig seien und die Strafbestimmungen selbst als zu gering verachtet würden. Er befahl daher jenen in einem Mandate vom 20. September 1635 bei strenger Strafe, ja Amtsentsetzung, die Heimgärten und Winkelzusammenkünfte der jungen Leute zu untersagen und jedem Hausvater zu gebieten, dass er das Gunkeln und Fensterln nach Kräften verhüte und seine Kinder und Ehehalten in abgesonderten, verschliessbaren Räumen schlafen lasse. Uebertretungen sollten exemplarisch gestraft werden.

Da ferner die Bauernburschen zu den Heimgärten vielfach mit starken Prügeln bewaffnet auszogen, auf den Gassen lärmten und Raufereien, ja Todschläge verübten, die Amtleute aber ihnen „befahrender Leibs- und Lebensungelegenheiten halber" nicht nachzusetzen wagten, so wurde jeder Hausvater verpflichtet, des Nachts fleissig nachzusehen, ob Söhne und Knechte daheim seien und falls einer aus ihnen polternd umhergeschweift oder bei einer leichtfertigen Zusammenkunft gewesen wäre [ihn und] [2]) denjenigen, welcher ihm Unterschleif gegeben, dem Gerichtsamtmann anzuzeigen.

---

1) Polizeiordnung V, 9, 15 - 20, III, 6, 13.

2) Der Wortlaut des Mandats beschränkt die Anzeige auf den Hehler, doch sollte der Hauptschuldige gewiss nicht straflos bleiben, und ist deshalb die obige Einschaltung wohl berechtigt.

Die in der Polizeiordnung angesetzten Bussen für Leichtfertigkeit wurden durch Schandstrafen und bei Wiederholungen durch immer weitere Ausweisung vom Héimathsorte vermehrt. Für Ehebruch mit einer Verheiratheten sollte sogleich Verweisung aus dem Lande und dessen nächster Nachbarschaft auf fünf Jahre eintreten und die Rückkehr nur gegen den Nachweis, dass sich der Schuldige während der Abwesenheit wohlverhalten habe, gestattet werden. Der zweite Ehebruch mit einer Ledigen sollte mit siebenjähriger Verbannung, der mit einer Verheiratheten mit dem Tode durchs Schwert gestraft werden. Wer mit einer Ledigen zum ersten Male die Ehe bräche, sollte, wenn er ein geringer Mann, nicht nur wie bisher vier Wochen bei Wasser und Brot in hartem Gefängnis gehalten, sondern auch drei Sonntage während des ganzen Gottesdienstes mit blossen Armen, brennendem Lichte und einer Ruthe in der Hand in die vor der Kirchenthüre angebrachten „Brechen" gestellt werden; wenn er vermöglich sei, ausser mit jener Haft und einer stattlichen Geldstrafe einmal, zwar ohne Entblössung, doch mit Ruthe und Licht vor der Kirche stehen; wenn er zu den Geschlechtern, Rathsherrn und angesehenen Ständen gehöre, zu jedem Amte unfähig werden und eine beträchtliche Geldsumme zahlen, und wenn er von Adel, acht Monate lang Rittersdienste im Kriege leisten. Dem ersten Rückfalle folgte Verbannung auf sieben und mehr Jahre, dem zweiten Tod. Die Frauen niederen Standes sollten im ersten Falle mit fünfjähriger Landesverweisung, die des Adels und der Geschlechter mit Verlust des Heirathsgutes, der Wiederlage und der Morgengabe sowie der Ehren, der Kleidung und des Schmuckes ihres Standes, im zweiten aber alle insgesammt mit dem Tode durchs Schwert gestraft werden.[1])

Diese furchtbaren Bestimmungen milderte Maximilian später nur für die Leute geringeren Standes dahin, dass die Männer in

---

1) Münchner Bibl. Bav. 960, IV n. 81. Druck. Die Strafbestimmungen auch bei Westenrieder, VIII, 365 ff.

den mit Verbannung bedrohten Fällen auf zwei, drei oder vier Jahre beim Artilleriefuhrwesen verwendet, die Weiber aber, welche auswärts gewöhnlich noch ärger würden, dreimal vor der Kirche ausgestellt werden sollten.[1] Auch verfügte er, da die Beamten die ihnen 1616 überlassene Bestrafung lediger Leute, die sich vergangen hatten und dann heirathen wollten, vielfach mit allzu grosser Härte vornahmen, dass dem hl. Ehestande zu Ehren nur gewisse geringe Bussen verhängt werden sollten.[2] Die Ausführung der übrigen Vorschriften dagegen befahl er den Beamten noch kurz vor seinem Tode dringend aufs neue und verfügte neben anderen Verschärfungen, dass die Leichtfertigkeit Lediger nicht so sehr mit Geld- wie mit Schandstrafen geahndet und wohl erwogen werden solle, ob nicht erschwerende Umstände vorhanden seien, auch adliche Frauenzimmer sogleich mit Entziehung der Standesehren, Männer mit besonders scharfen Strafen heimgesucht werden sollten.[3]

So weit ging hier Maximilians Sorge um das Seelenheil der Unterthanen, dass er nicht nur das noch vielfach übliche gemeinsame Baden beider Geschlechter verbot,[4] sondern sogar gegen die kurzen Weiberröcke eiferte,[5] den Schulmeistern untersagte, ihre Knaben und Mädchen zusammen „in den Gregori oder die Grün" zu führen,[6] weil dabei nicht wenig Gelegen-

1) Mandat v. 21. Mai 1643 A. a. O. Cod. Bav. 2544, II, f. 39. Exc. Westenrieder VIII, 367.
2) Mandat v. 15. Mai 1646. A. a. O. Cod. Klöckel. 28, n. 13. Cod. Bav. 2544 I f. 98 enthält diese Verordnung nicht, dagegen ähnliche vom 11. Juli 1639 und 21. Mai 1641, während die oben angeführte sagt, da 1635 über den in ihr bezeichneten Fall keine Bestimmung getroffen sei, wären die Beamten zu weit gegangen, was also den vorgängigen Erlass ähnlicher Dekrete ausschliesst.
3) Mandat v. 2. Sept. 1651. Münchner Bibl Cod. Klöckel. 41. n 16 u. 17.
4) Mandat v. 20. März 1631 A. a. O. Cod. Bav. 2544, I, f 15c.
5) Westenrieder Beiträge IX, 206.
6) Ein Schulfest am 12. März, dem Tage Gregors d. Gr.

heit zu allerhand Leichtfertigkeit gegeben werde,[1]) und trotz allen Gegenvorstellungen seiner Räthe unter anderem deshalb auf Abschaffung der engen und nur bis zum Knie gehenden Bauernhosen drang, weil dieselben die Keuschheit verletzten.[2])

Das Tanzen war auf dem Lande nur an Sonn- und Festtagen nach der Kinderlehre erlaubt und durfte im Sommer nicht über vier oder fünf, im Winter nicht über drei oder vier Uhr ausgedehnt werden, weil die Abendtänze grossen Anlass zur Leichtfertigkeit und nicht selten auch zu Raufereien gäben und die Arbeit versäumen liessen.[3]) Zum Tanze bei Hochzeiten sollte, um Unsittlichkeit und Müssiggang fernzuhalten, kein Ungeladener zugelassen werden.[4]) Tänze, bei welchen ärgerliche Gebärden, grobes Festhalten, Ansichdrücken, leichfertiges Zusammenlaufen, Aufheben, Halten und Herumschwingen gebräuchlich, waren bei strenger Strafe verboten.[5]) An Wallfahrtsorten wollte Maximilian anfangs überhaupt das Tanzen nicht dulden,[6]) später verfügte er wenigstens, dass es dort nicht in der Nähe der Kirche geschehen solle.[7])

Auch gegen das übermässige Essen und Trinken schritt Maximilian aus religiösen und zugleich aus ökonomischen Rücksichten ernstlich ein.

Schon Wilhelm V. hatte u. A. 1591 verordnet, dass man die Handwerker und gemeinen Leute in Städten und Märkten,

---

1) Dekret an den Hofrath v. 4. April 1610, die Schulmeister von München, welche dem obigen, seit zwei Jahren mehrfach wiederholten Befehl übertreten hätten, und den Stadtrath, der nicht eingeschritten sei, zu strafen. A. a. O. Cod. Bav. 2538 f. 89. Cop.

2) Wolf, Geschichte Maximilians I, 405

3) Polizeiordnung 1616, VII, 8.

4) A. a. O. VI, 12 u. Mandat v. 16. Januar 1644. Münchner Bibl. Cod. Bav. 2544, I, 1. 66. Exc.

5) Mandat vom 14. Oktober 1625. A. a. O. Cod Klöckel. 87 n. 32.

6) Hs. Maximilian an s. geheimen Räthe 10. Mai 1607. Reichsarchiv München. Bairische Dekrete, VIII, n. 24. Or.

7) Freyberg III, 168.

welche Tag und Nacht im Wirthshause sässen, Hab und Gut verthäten, keinen Gottesdienst besuchten, im Rausche allerhand Ungebür verübten u. s. w., da er dies ohne Beschwerung seines Gewissens nicht dulden könne, bei Wasser und Brot ins Gefängnis legen, sie ein bis vier Monate oder gar ein halbes und ein ganzes Jahr lang eine Schelle oder eine Kette am Fusse tragen lassen, sie auf den Pranger stellen, ihnen alle Getränke ausser Wasser und das Waffentragen verbieten oder sie aus der Heimath ausweisen, den Wirthen aber nicht nur nicht zu ihren Forderungen verhelfen, sondern sie auch als Mitschuldige strafen solle; helfe das alles nicht, so wolle er die Trunkenbolde auf die Galeere schicken.[1]

Maximilian schärfte die älteren Bestimmungen 1598[2] und 1616 in der Polizeiordnung wieder ein. In letzterer bestimmte er ausserdem unter anderen auf die Verhütung aller Unmässigkeit abzielenden Verordnungen genau die Summe, über welche hinaus den Bauern und Bürgern von den Wirthen nicht geborgt noch bei den Mahlzeiten aufgetischt werden dürfe,[3] schrieb für Hochzeiten, Kindtaufen, Leichenfeiern, Einladungen und Primizen die Zahl der Gäste und das Mass des Aufwandes in Essen, Trinken, Kleidung und Geschenken vor,[4] verbot das damals zur Höflichkeit gehörige unmässige Zutrinken,[5] untersagte den unvermöglichen Leuten das Zechen ausser an den Nachmittagen der Sonntage und Feste oder wenn kein solches in die Woche träfe, der Montage ganz und gar, befahl, in den Städten nicht über

---

1) Mandat v. 1501, Münchner Bibl. Cod. Klöckel. 24 n. 0. Cop.
2) Mandat v. 13. März 1598
3) Polizeiordnung III, 1, 10 n. 12; 3, 8 ff. Westenrieder IX, 287 ff.
4) A. a O. III, 6 1 ff. 8, 3. Schon 1599, 100 und am 22. Okt. 1614 hatte Maximilian in dieser Hinsicht Befehle erlassen, Cod. Klöckel. 36 n. 27. Nur die für die Landesdefension ausgewählten Unterthanen geringeren Standes durften über 50 Personen zur Hochzeit laden und unbegrenzt Geschenke annehmen A. a. O. n. 30.
5) Polizeiordnung III, 3, 6.

die „Hoseauszeit", auf dem Lande nicht länger als bis zum Dunkelwerden im Sommer und als bis um acht Uhr im Winter einzuschenken, [1]) beschränkte den Branntweinschank auf gewisse Stunden der Werktagsmorgen und auf ein Quantum von einem Kreuzer an Werth [2]) und bestimmte endlich: „Nachdem die Trunkenheit ein sonder Laster ist, dadurch einem seine Vernunft entweicht und er des Guts halber verarmt, auch Todschläge und anderes Uebel mehrmals daraus entstehen, darauf ordnen und wollen wir, welcher Mensch in Trunkenheit auf der Gasse mit öffentlicher Unzucht betreten oder täglich damit beladen würde, dass er durch die Schergen oder Büttel (denen es zu thun, hiermit bei ernstlicher Strafe soll auferladen sein) von Stund an in die Keuchen gelegt und nicht herausgelassen werde, bis er wohl nüchtern wird; ob er auch in solcher Trunkenheit irgendwelchen Frevel begingo, darum soll er weiter nach Gestalt seiner Verhandlung gestraft werden." [3])

Wettrennen zu Ross und Preiskegelschieben, bei welchen viel gezecht und die Arbeit versäumt werde, sollten ausser den bei Kirchweihtagen und Jahrmärkten herkömmlichen nur mit besonderer Erlaubnis abgehalten und das Wettlaufen zu Fuss lediglich auf Grund alten Gebrauchs und namentlich nicht in der Fasten gestattet werden. [4])

Kartenspiel und Kegelschieben um höhere Einsätze wurde 1598 Allen ausser dem Adel und vermöglichen Leuten, die es mässig und zum Zeitvertreib vornahmen, untersagt und im Wiederholungsfalle mit mehrtägiger Haft bedroht. [5]) Die Polizeiordnung verbot alles heimliche Spielen und verordnete, dass der gemeine Mann täglich höchstens 15 Kreuzer beim Spiel und Kegeln aufwenden und ihm nichts geborgt werden solle. Dienstboten, Ge-

1) A. a. O. III, 3, 13, 14.
2) A. a. O. III, 5, 8.
3) A. a. O. III, 7, 4.
4) Polizeiordnung V, 8, 2.
5) Mandat v. 13. März 1598.

sellen und Bauernburschen durften nicht in der Woche, Buben unter achtzehn Jahren gar nicht spielen und kegeln. In den Städten sollte kein Wirth die Spieler länger als bis zur „Hoseauszeit" dulden.[1]

In Zeiten der Noth wurden diese Verbote noch weiter ausgedehnt und dabei trat dann ihr kirchlicher Zweck ganz in den Vordergrund.

So wurden um Gottes Zorn zu versöhnen und die Türkengefahr abzuwenden 1593 Tanzen und Musik gänzlich und sogar bei Hochzeiten verboten,[2] 1594 und 1596 ebenso das Spielen und Zutrinken.[3] 1605 befahl Maximilian mit Hinweis auf das Vordringen der Türken, dass in den Wirthshäusern alles Uebermass im Trinken, Jubilieren, Verschwenden und Spielen sowie jede zur Sünde Gelegenheit bietende Zusammenkunft vermieden und deshalb auch jede Art von Musik sowie das Tanzen und andere weltliche Freuden ausser bei Hochzeiten und den Uebungen für die Landesdefensive unterlassen werden sollten.[4] 1612 wurde dieser Befehl — ohne Zweifel im Hinblick auf das durch Rudolfs II. Tod eingetretene Interregnum — wiederholt, doch nun Musik in den Häusern gestattet, dagegen alle Maskeraden und die Schlittenfahrten mit ganzem Geläute, Pfeifen, Schalmeien und Juchzen verboten.[5] Beim Ausbruche des dreissigjährigen Krieges ergieng eine neue Verordnung gegen Spielen, Frossen und Saufen,[6] dann

---

1) Polizeiordnung V, 8, 2 ff. Münchner Bibl. Cod. 2538 f. 62 findet sich ein Dekret v. 26. Febr. 1609 an den Hofrath, dem Stadtoberrichter von München einen scharfen Verweis wegen seiner Spielsucht zu geben und die von ihm und Anderen besuchten Winkelspielplätze (besonders den beim Maler Hebenstreit in der Fingergasse) abzuschaffen.

2) A. a O. Cod Klöckel. 21 n. 19.

3) 25 Jan. 1595 u. 15. Apr. 1596. A a O. 23 n. 19 u. 21 n. 23.

4) A. a. O. Bav. 960/III n. 22. Vgl. das. Cod. Bav. 2538 f. 24. Dekret v. 2. Juli 1605 u Westenrieder IX, 288.

5) 24. Feb. 1612. A. a. O. Cod. Klöckel. 30 n. 16.

6) 7. Okt. 1619 a. a. O. n. 38.

1622 gegen alle Maskeraden und Freudenspiele während der Fastenzeit, wobei nur stilles Schlittenfahren bis acht Uhr Abends ausgenommen wurde.[1]) Späterhin wurden diese und alle anderen „den rechten Zorn Gottes nur noch mehr erweckenden Ueppigkeiten" wie Tanzen ausser bei Hochzeiten, Bankette, Mahlzeiten, Zechen und Spielen gänzlich verboten und wiederholt scharf auf ihre Unterlassung gedrungen.[2]) Erst im März 1651 gestattete Maximilian auf vieles Bitten, dass Tänze wieder unter den in der Polizeiordnung aufgestellten Beschränkungen, doch mit Ausnahme der hohen Feste sowie der Advents- und der Fastenzeit, gehalten werden durften.[3])

Mit ganz besonderer Strenge schritt der Fürst auch gegen das zu seiner Zeit immer mehr überhandnehmende Schwören, Fluchen und Gotteslästern ein.

„Auf dass dies gräuliche, unchristliche Laster", sagte er im Mandat von 1598, „zu Rettung der Ehre Gottes und aller seiner Heiligen aus unseren Fürstenthümern allenthalben ausgereutet werde, so setzen, ordnen und befehlen wir abermals, mit rechtem Ernst meinend, dass alle Aus- und Inländer, die vorsätzlicher Weise oder aus übergehendem, unmenschlichen Zorne wie auch aus viehischer Trunkenheit oder verdammter Gewohnheit bei den allerheiligsten Namen, das ist bei Gott oder bei dem Leiden, Marter, Kreuz und Wunden unsers einzigen Erlösers Jesu Christi und durch die hochwürdigen Sakramente fluchen, nicht weniger auch wer die würdigste Mutter Gottes und andere liebe Heilige leichtfertiger Weise mit Schelten und Schwören im Maul umzieht, vielmehr aber diejenigen, die fremde, unbekannte und von Ausländischen hergenommene Gotteslästerungen dem Allmächtigen im Himmel und seinen lieben Heiligen zu Unehren und Verkleinerung ausstossen, nicht allein mit hartem Gefängnis und starken Geld-

---

1) 28. Jan. 1622, a. a. O. 37 n. 7.
2) Mandate v. 15. Mai 1625, 31 Jan. 1613, 19 Nov. 1643, 28. Jan. 1648 u. 20. Aug. 1650, a. a. O. 37 n. 25, 40 n. 11, 17, 37, 42.
3) Mandat v. 13 März 1651, a. a. O. n 45.

strafen, sondern auch mit Landesverweisung, Einschlagung in eiserne Springer, Ausstellung am Pranger, schmählicher Vorstellung vor der Kirche (den Leib halb entblösst, Licht und Ruthe in den Händen), Abschneidung etlicher Glieder, Ausreissung oder Durchbrennung der Zunge oder anderen dergleichen Leibes- und Schandstrafen, ja wohl sogar am Leben unnachlässig und ohne alle Gnade gestraft werden." In Wiederholungsfällen sollten die Strafen exemplarisch geschärft und Obrigkeiten, welche nicht einschritten, gleich den Schuldigen selbst gezüchtigt werden. Wer sich verging, musste sofort in Haft genommen und vor Gericht gestellt werden, wobei selbst für die Angehörigen des Hofes die ihnen sonst zustehende Exemption gegenüber den gewöhnlichen Beamten ausser Wirkung trat. [1])

1604 erneuerte Maximilian diese Verfügung mit dem Zusatze, dass Rückfällige, ob sie nun Adliche, Hofleute, Beamte, Bürger, Handwerker oder Taglöhner seien, sofort aus ihren Aemtern und Diensten gestossen und nie mehr zu solchen aufgenommen, Hausväter, welche ihre Kinder und Dienstboten nicht selbst straften, oder wenn sie dies nicht könnten, der Obrigkeit nicht anzeigten, und Wirthe, welche ihren Gästen die verbotenen Reden nachsähen, mit dem Thurm [unserem Zuchthause], Geld- und Leibesstrafen heimgesucht und Leute, welche das Zeugnis gegen Schuldige verweigerten, gleich diesen gestraft werden sollten. [2])

Neben mehrfachen Einschärfungen der getroffenen Bestimmungen [3]) wurde dann später für geringe Leute noch die Strafe des Schnellers, d. h. Untertauchen ins Wasser [4]) und bei „ge-

---

1) Mandat v. 13. März 1598.
2) Mandat v. 1. und Patent v. 2. Dec. 1604. Münchner Bibl. Bav. 960,III n. 19 u. 20. Drucke. Die Zusätze waren einem Patente Wilhelms V. v. 21. Januar 1580 (a. a. O. Cod. Klöckel. 21 n. 13. Druck) entnommen, welches 1598 schon einschliesslich wiederholt war.
3) Besonders durch Mandat v. 15. Juli 1605, a. a. O. Bav. 960/III n. 22. Druck.
4) Polizeiordnung v. 1616, V, 7, 1.

meinem Schwören und Fluchen" die Ausstellung an eigens zu errichtenden Schandsäulen sowie Verwendung zum Gassenkehren hinzugefügt. Von den Schandsäulen sollten auch die Handwerker und die zur Landesdefension Ausgewählten, welche sonst so viele Vorrechte genossen, nicht ausgenommen sein und 1626 wurde verfügt, dass ein Meister durch die Ausstellung unfähig werden solle, Gesellen und Lehrlinge zu halten. Die Bestimmung der Strafe für höhere Stände aber wurde, damit sie nicht zu nachsichtig ausfiele, dem Hofrathe und den Regierungen vorbehalten.[1]) Maximilian gab selbst einmal den Befehl zur Hinrichtung eines Gotteslästerers und liess ihn trotz den Fürbitten mehrerer Fürsten vollziehen.[2])

Endlich verbot der Herzog auch i. J. 1611 Wahrsagen, Kartenlegen, Beschwörungen, Segen- und Fluchsprüche und alle anderen abergläubischen Gebräuche, da er sich in seiner Regierung immerdar nichts mehr habe angelegen sein lassen, als die ihm von Gott anvertrauten Lande und Leute in Frieden und christlicher Zucht zu erhalten, der Teufel aber nicht nur durch Zauberei, sondern auch durch den gemeinen Aberglauben die Menschen zur Abgötterei verlocke und „der Allmächtige deshalb zu billigem Zorn gegen uns Menschen bewegt werden und unsere Lande und Leute mit Theuerung, Krieg und Pestilenz, auch anderen mannigfaltigen Plagen strafen und angreifen möchte." In seltsamer Mischung von verständigen Anschauungen, christlicher Frömmigkeit und düsterem Dämonenglauben wurden in einem beigelegten Verzeichnisse die verschiedenen Ausgeburten des Aberglaubens besprochen und mit den strengsten Strafen bedroht, z. B. Anbetung des Teufels mit dem Tode durchs Feuer, Anru-

---

1) Mandat v. 9. Sept. 1626 bei Westenrieder VIII, 854 und v. 20. Sept. 1635 Münchner Bibl. Bav. 960, IV Druck; Dekrete v. 10. Jan. 1639 u. 7. Juli 1640. Das. Cod. Bav. 2544, I f. 54. Exc.

2) Christlicher Lebens- und Tugendspiegel .... Maximiliani etc. Predigt des Karmeliters P. F. Andreas v. S. Theresia. München 1663 S. 7.

fung böser Geister, Aufbewahrung eines gefangenen Teufels (spiritus familiaris), Wahrsagen, Zauberei, Schwarzkunst mit dem Tode durchs Schwert, Aufsuchen der solche Dinge treibenden Leute mit ewiger Landesverweisung und Einziehung aller Habe, gläubiges Befragen derselben bei zufälliger Begegnung mit einem Jahre Gefängnis bei Wasser und Brot oder Arbeit an öffentlichen Bauten. Nur die von der Kirche eingeführten und von den Jesuiten bekanntlich im höchsten Uebermasse gepflegten Beschwörungen, Heilthümer, Amulette u. s. w. sollten hinfort zugelassen sein.[1]) Für eigentliche Hexerei und Zauberei galten natürlich die furchtbaren Gesetze, welchen damals in protestantischen und katholischen Gebieten so zahlreiche Opfer fielen.

V.

Mit all diesen Massregeln glaubte Maximilian noch nicht an den Grenzen seiner Befugnisse und Pflichten angekommen zu sein. Durfte und musste er nach der ihn durchdringenden Auffassung mit seiner Polizeigewalt zum Bekenntnisse des katholischen Glaubens zwingen, Laster und Vergehen, welche Gott beleidigten, verhindern und um des Allmächtigen Zorn zu mildern, sogar unschuldige Belustigungen verbieten, so durfte und musste er nach denselben Theorien die ihm anvertrauten Unterthanen nicht minder durch staatliche Mittel zu Werken der Frömmigkeit zwingen, denn im Gegensatze zur christlichen Lehre, welche dieselben als freie Aeusserungen religiösen Sinnes betrachtet, stellte das römisch-jesuitische System sie als zum schuldigen Gehorsam gegen die Kirche gehörig hin.

1) Mandat v. 12. Febr. 1611. Münchner Bibl. Bav. 960/III, f. 43. Druck. Vgl. das. Cod. Bav. 2538 f. 107, Dekret an d. Hofrath v. 21. Jan. 1612, Cop. über dies Mandat. Irrig ist es von Schreiber Max Joseph III, 207 ff. und nach ihm v. Kluckhohn, Hist. Zeitschrift XXXI, 408 zur Schilderung der Zustände im 18. Jahrh. benützt worden.

So wurde denn das Gebot der Fleischenthaltung, welches damals noch ausser für gewisse Zeiten für je zwei Tage in der Woche galt, durch Polizeistrafen und unerwartete Haussuchungen unterstützt.¹) Ein Bürgermeister von Oetting wurde wegen Uebertretung des Gebotes mit Amtsentsetzung und Geld gebüsst.²) Kranke und Wöchnerinnen mussten zum Fleischgenusse von der geistlichen und der weltlichen Obrigkeit Erlaubnis einholen, und es wurde für sie während der Fastenzeit in Städten und Märkten ein eigener „Fastenmetzger" bestimmt, während sonst die Fleischbänke geschlossen blieben.³)

An den Sonn- und den zahlreichen Feiertagen war jede Arbeit bei strenger Strafe verboten,⁴) Holzschlagen und Flössen z. B. bei Verlust des Holzes;⁵) die Wochenmärkte mussten bei einfallenden Festen verlegt, bei Jahrmärkten das Verkaufen unter dem Gottesdienst eingestellt werden;⁶) nur das Mahlen konnte den Müllern in Nothfällen von der Obrigkeit gestattet werden,⁷) und damit die Unterthanen desto weniger zur Versäumnis des Gottesdienstes verlockt würden, war während desselben das An-

---

1) Freyberg III, 160, 161. Krenner Landtag v. 1605 S. 258 und Mandat Wilhelms V. v. 23 Jan. 1581. Münchner Bibl. Cod. Klöckel. 24 n. 2, Druck (durch das Mandat v. 13. März 1598 implicite erneuert).

2) Dekret an d. Hofrath v. 2. Okt. 1609. A. a. O. Cod. Bav. 2538 f. 70 Cop.

3) Dekret v. 2 März 1628. Freyberg III, 167. Für sich und seine Gemahlin hatte Maximilian 1597 auf Andringen der Aerzte päpstliche Dispens vom Abstinenz- und Fastengebote nachgesucht (s. Beilage V), doch machte er nach Adlzreiter Annales Boicae gentis III, 35, 4 trotz natürlichem Widerwillen gegen Fische selten Gebrauch davon.

4) Krenner Landtag 1615, S. 258.

5) Polizeiordnung v. 1616, Forstordnung 61; vgl. Dekret v. 24. Febr. 1649 Münchner Bibl. Cod. Bav. 2544, I, f. 46 Exc.

6) Freyberg III, 168.

7) Dekret v. 22. Dec 1626. A. a. O. f. 107 Exc.

geln,¹) das Spielen und Kegelschieben,²) der Besuch der Wirthshäuser,³) ja sogar das Spazierengehen⁴) untersagt. Spielen und Kegeln durfte überdies auch am Samstagabend nicht stattfinden.

Der Besuch des Hochamtes und der Predigt an allen Sonn- und Festtagen, die Theilnahme am Opfergange sowie die Sendung der Kinder zur Christenlehre wurde aber auch geradezu bei strenger Strafe geboten; wer von den Erwachsenen auf dem Lande die Christenlehre nicht besuchte, wurde vom Tanze ausgeschlossen; wer vor Beendigung des Gottesdienstes die Kirche verliess, sollte mit ernstlicher Busse belegt werden.⁵)

Die Beamten hatten in dieser Hinsicht mit gutem Beispiele voranzugehen und insbesondere an hohen Festen mit Weib und Kind in ihren Kirchenstühlen zu sitzen und den Opfergang mitzumachen.⁶) Alle Minister, Räthe, Beamte, Edelleute und Diener des Hofes mussten täglich der Messe, an Sonntagen und Festen dem Hochamte und der Predigt, in der Fasten- und Adventzeit den besonderen Kanzelvorträgen, an Festen der Nachmittagsvesper beiwohnen, die Edelleute ausserdem noch den anderen Gottesdiensten, an welchen sich ihr frommer Herr betheiligte. Für Versäumnisse war eine Strafe von vier Thalern angesetzt und als solche trotzdem zahlreich stattfanden, befahl Maximilian, die Busse im zweiten und dritten Falle zu verdoppeln und die Schuldigen ihm selbst anzuzeigen, da er sie ihres Amtes oder Dienstes zu

---

1) Polizeiordnung IX, 1.
2) A. a. O. VIII, 1, vgl. 5 und Freyberg III, 281.
3) Polizeiordnung III, 156.
4) Mandat v. 13. März 1598, vgl. Freyberg III, 166.
5) Den oben erwähnten Mandaten über Feier von Festen und über die Christenlehre waren Strafbestimmungen angehängt. Im Uebrigen stütze ich mich auf ein Mandat v. 13. März 1651 und eins ohne Datum, Münchner Bibl. Cod. Klöckel. 40 n. 45 u. 24, n. 14, und eins v. 11. Sept. 1628. Das. Cod. Bav. 2544, I, f. 87.
6) Mandat v. 13. März 1598 und Dekrete v. 30. Apr. 1599 und 14. Jan. 1600 bei Freyberg III, 159.

entsetzen oder anderweitig exemplarisch zu strafen gedenke.¹) Ebenso musste sich der ganze Hof (gleich dem Stadtrathe von München) mit brennenden Lichtern zu den Donnerstagsprocessionen einstellen, widrigenfalls acht- bis vierzehntägige Gehaltsentziehung verhängt wurde: von den Ministern geführt zogen die geheimen, die Hof- und die Kammerräthe aus den Sitzungszimmern zu den Umgängen.²) Auch die übrigen herzoglichen und städtischen Beamten wurden wiederholt zu ähnlicher Frömmigkeit angewiesen.³)

Beim Türkengebet- und dem abendlichen Ave-Maria-Läuten musste Jedermann bei Geld- oder Gefängnisstrafe, ob er nun zu Hause oder auf der Gasse war, niederknieen, — Reiter von den Pferden, Fahrende von den Wägen steigend — „bis er aufs wenigst ein Vaterunser und Ave Maria mit Andacht gebetet."⁴) Ebenso mussten, sobald andere Gebetzeichen ertönten, Spiel und Kurzweil jeder Art unterbrochen und die betreffenden Andachten verrichtet werden.⁵)

Im J. 1610 gebot ferner Maximilian, da er erfahre, dass die Unterthanen und besonders die Bauern bei den Processionen und in der Kirche meist ohne Rosenkränze erschienen, dies Gebet aber Gott sonderbar angenehm sei, dass sofort alle Landesange-

---

1) Dekret v. 15. April 1598. Münchner Bibl. Cod. 2544, II, f. 26ᶜ u. v. 12. Febr. 1606, Kreisarchiv, München, XLIII, Stadt München fasc. 120 (vgl. Kluckhohn Hist. Zschr. XXXI, 403 Anm. 1, dem ich bezüglich der Ursache der Versäumnisse nicht zustimmen kann). Wiederholte Einschärfungen dieser Befehle erwähnt ein entsprechendes Dekret v. 4 Juli 1642. Kreisarchiv München I, Beamte fasc. 2·2 Cpt.

2) Freyberg III, 160 und Dekrete v. 12 Juli 1613, Reichsarchiv München. Bairische Dekrete IX, n. 132, Or. und v. 20. Juli 1613, Münchner Bibl. Cod. 2538 f. 118. Cop.

3) Freyberg III, 160, 163 und verschiedene der oben erwähnten Mandate. Vgl auch meinen Ursprung I, 464, 466.

4) Mandat v. 13. Aug. 1598 und die anderen oben angeführten Mandate über das Türkengebet, sowie mein Ursprung etc. I, Nachtrag zu S 67.

5) Polizeiordnung V, 8, 5.

hörigen, Erwachsene wie Kinder, bei unausbleiblicher Strafe Rosenkränze anschaffen, oder wenn sie zu arm, von den Kirchen geschenkt erhalten und hinfort dieselben zu Hause und beim Gottesdienste fleissig gebrauchen sollten.[1]) Ja, während er gegen den ausserkirchlichen Aberglauben so strenge Strafen verhängt hatte, schrieb er nun vor, „weil der Gebrauch und die Anhängung der geweihten Sachen, sonderlich der Agnusdei für allerhand böse Zustände und Gefährlichkeiten sehr nutzbar und dienstlich sei, solle man die Unterthanen zum Tragen solcher dringend anhalten." [2])

Vor allem aber wurde darauf gesehen, dass Jeder in der Osterzeit den „schuldigen Gehorsam" mit Beichten und Communiciren leiste. Vom Adel und den höchsten Beamten bis zum Taglöhner und Dienstboten herab mussten alle Bewohner Baierns ihre Beichtzettel an ihre Pfarrer einliefern. Die auswärts weilenden Unterthanen aber hatten sie den Agenten zu übergeben oder wo solche fehlten, an die Heimathsbehörde zu senden. Versäumnisse wurden mit Geld oder Gefängnis und schliesslich mit Landesverweisung gestraft. Aus dem Lande Abwesende befahl Maximilian, wenn sie auf Ermahnen nicht communicirten, bei Verlust ihres derzeitigen und künftigen Vermögens heimzurufen und nicht eher wieder fortzulassen, als bis sie der kirchlichen Vorschrift genügt hätten. [3])

1) Mandat v. 23. Juli 1640. Münchner Bibl. Cod. Klöckel. 40. n. 4 Cop. Vgl. bei Kluckhohn in d. Hist. Zschr. 387 die merkwürdige Nachricht über den Widerstand der Bauern gegen diese Verordnung.
2) Mandat v. 23. Juli 1640.
3) Dekret an die Regierung zu Landshut v. 13. März 1507, Kreisarchiv München. IV, R. 2/3 Cop. Mandate v. 13. März 1598; v. 1605 b. Freyberg III, 162 u. 165 (Vgl. Krenner, Landtag 1605 S. 258) v. 14 März 1600, Münchner Bibl. Bav. 960/III n. 35, Druck; Dekrete v. 18. Nov. 1627, Kreisarchiv München, IV, R, fasc. 2/4 Cpt; v. 26 August 1613, Münchner Bibl. Cod Bav 2544, II, 65b. Instruction f. d. geistl. Rath v. 2. Jan. 1620 b. Freyberg III, 162 ff.

Damit war der Aufbau der Polizeikirche zum Abschlusse gebracht.

VI.

Die Ausführung all der getroffenen Verordnungen liess Maximilian sorgfältig überwachen. Die Berichte über die ausser Landes weilenden Unterthanen und die in Baiern eingerichteten Beichtzettel sowie Verzeichnisse der nicht zu den Sacramenten Gegangenen mussten jährlich um Pfingsten nach München gesandt werden, wo die Beichtregister vom geistlichen Rathe, die Akten der abwesenden Landeskinder anfangs vom Cabinetssekretär, später von einem Hofrathsmitgliede, seit 1643 vom geistlichen Rathe durchgesehen wurden.[1]

Dieser war ausserdem wie die Beamten im Lande und die

---

165. Ueber die Universität Ingolstadt s. Prantl Geschichte d Ludwigs-Maximilians-Universität I, 386, 387, 388. Am 16. December 1608 berichtete die Regierung zu Straubing dem Herzoge, wie sie etliche Adliche, die beschuldigt worden, zu Ostern nicht die Sacramente empfangen zu haben, verhört und diejenigen welche in der That dem Kirchengebote nicht genügt, zur Erfüllung desselben angehalten habe. Als Beilage schickte sie Beichtzettel und die Meldung eines der Adlichen, dass er auf den ihm geschehenen Vorhalt dass ihm Aufgetragene, d. h. den Empfang der Sacramente, zu Altötting vollzogen habe Kreisarchiv München IV, R. fasc. 2 3 Orr.

1) Vgl. die oben bezüglich der Kinder ausser Landes angezogenen Quellen. Ausserdem finden sich noch weitere Berichte über auswärtige Landeskinder und die Communicanten im Kreisarchiv München, IV, R. fasc. 2/4. Vgl. die geistl. Rathsinstructionen bei Freyberg. — Am 1. April 1617 übertrug der Herzog die bis dahin von seinem Geheimsekretär Gewold geübte Aufsicht über die Kinder ausser Landes dem Hofrath Dr. Hieronymus Faber. Dekret. Kreisarchiv München. IV, R. fasc. 2/4 Cpt. u. Gewold an d. Hz. 8 Apr. 17. das. XIII, Gewold n. 10 f. 51 Or. 1640 wurde dem Hofrathe Ammon ein geisti. Rath beigeordnet, IV, R. fasc. 2/4 Cpt. und am 21. Juli 1643 die Aufsicht an den geistlichen Rath — dessen Sitzungen übrigens stets zwei Hof- und zwei Kammerräthe anwohnten - übertragen Das. Cpt.

auswärtigen Agenten zu genauer Aufsicht über das gesammte kirchliche Verhalten der Unterthanen angewiesen;[1]) jährlich hatten die Rentmeister sich bei ihren Umritten von dem Vollzuge der ergangenen Befehle in ihrem Bezirke zu überzeugen,[2]) und mitunter wurden noch besondere Aufsichtsmassregeln getroffen. Wie wegen ketzerischer Bücher und verbotenen Fleischessens unversehens Haussuchungen angestellt wurden, ist bereits erwähnt worden. 1612 liess Maximilian untersuchen, was die Bürger zu Ried vom Fegfeuer, vom Gebet für die Abgestorbenen und vom Fastengebote hielten,[3]) und 1629 setzte er eine eigene Commission ein, um im ganzen Lande eine Inquisition zur Ausrottung der Leichtfertigkeit anzustellen.[4])

Die oberste Aufsicht führte Maximilians dem Jesuitenorden angehöriger Beichtvater, mit welchem alle kirchlichen Angelegenheiten von den Räthen besprochen werden mussten,[5]) und wie in

1) Freyberg III, 159, 165 u. 185; Dekrete an die Reg. zu Landshut v. 13. März 1597 (s. oben), an den Agenten zu Kaufbeuren v. 18. Okt. 1612, Kreisarchiv München, IV, R. fasc. 2,4 und an den Mauthner zu Regensburg sowie Beamte bei Augsburg und Kaufbeuern; v. J. 1638 das. Cpte

2) Maximilian an den Rentmeister von Burghausen. 24. März 1599. Reichsarchiv München. Bairische Dekrete. VI, n. 142 Or. Freyberg III, 277 ff.

3) Dekret v 18. Juli 1612, Kreisarchiv München, IV, R. fasc. 2,3. Cpt.

4) Dekret v. 5. Febr. 1629, Münchner Bibl. Cod. Bav. 2544 I, 99. Nach den Worten, womit das Dekret dort angeführt wird, scheint es nicht ausgeführt zu sein

5) In dem oben erwähnten Dekrete, welches dem Hofrathe Faber die Sachen der Kinder ausser Landes zuwies, heisst es: „jedoch solle er hierinnen mit S. Dt. beichtvattern p. Buslidio alzeit conferieren und mit dessen rath und zuthuen handlen." Eigenhändig fügte der Herzog hinzu: „auch mit p. Mair zu Augspurg, dene I. Dt. ersucht, sein Inspection daselbs über das werk zu haben, correspondiern." Kreisarchiv München IV, R. fasc 2/4. Cpt. Cop. In einem Gutachten der geh. Räthe über die Wegnahme der Töchter des Herrn v. Häckleder von der Mutter (s. oben) wird gesagt, P. Buslidius stimme dem

allen anderen Regierungszweigen der Fürst selbst.¹) Wir sahen bereits, dass er sich für gewisse Vergehen die Festsetzung der Strafe vorbehielt, und dass er die Beamten durch Ermahnungen und Drohungen zur sorgfältigen Ausführung seiner Befehle anzutreiben bemüht war: als ein Hofrath sich die Aufsicht über die Unterthanen ausser Landes nicht eifrig genug angelegen sein liess, entzog Maximilian sie ihm mit scharfer Rüge.²) Bis auf die einzelnen Landesangehörigen, auch die geringsten, erstreckte sich seine Fürsorge³) und als er einmal in Landshut sah, dass die Einwohner beim Abendläuten nicht niederknieten, ertheilte er sogleich dem Rathe in einem Dekrete, welches er mehrmals eigenhändig verschärfte, strengen Verweis.⁴)

All dies genügte indes dem Eifer Maximilians noch nicht Vielmehr setzte er, wie erwähnt, in gewissen Fällen sogar dafür

---

Vorschlage bei. Das. 2/3 f. 545, Or. Vgl. meinen Ursprung etc. I, 65 Anm. 15 und 456, 469 u. s. w.

1) In dem oben erwähnten Schr. v. 8. April 1617 sagt Gewold, er habe die Berichte über die Kinder ausser Landes stets an den Herzog selbst oder an P. Buslidius oder wohin es ihm sonst nothwendig geschienen, überwiesen. Dass über die Nachforschungen nach verbotenen Büchern dem Herzoge Bericht erstattet werden musste, erwähnt Freyberg III, 126. Vgl. unten. Die Entwürfe der für meine Darstellung angezogenen Mandate u. s. w. habe ich leider nicht gefunden, so dass sich des Herzogs Thätigkeit nicht im Einzelnen verfolgen lässt, doch war sie hier, wo es sich um das Seelenheil handelte, gewiss nicht geringer als in allen anderen Beziehungen.

2) Dekret v. 27. Mai 1627. Kreisarchiv München IV, R. fasc. 2/4 Cpt.

3) Vgl. oben S. 23 Anm. 1 u. Beil. III. Von anderen Dekreten, die aus dem Cabinet ergingen, erwähne ich eins v. 10. März 1615 an H. W. von Rechberg, ob der Oberrichter zu Schwabeck ketzerisch gesinnt sei; Kreisarchiv München IV, R. fasc. 2/4 Cpt. Vgl. auch den oben S. 13 Anm. 1 angezogenen Befehl v. 27. Aug. 1627 an die Regierung zu Burghausen über Konrad v. Forstenau [so ist dort statt Forstau zu lesen], das. ad. fasc. V, n. 14/2 Cpt. und unten S. 60.

4) S. meinen Ursprung etc. I. Nachtrag z. S. 07.

Strafen an, wenn Hausväter ihre Kinder und Dienstboten, die Wirthe ihre Gäste wegen Uebertretung seiner Gebote nicht verklagten, und es findet sich, dass er eine Bauernmagd mit der Geige strafen liess, weil sie ein unsittliches Verhältnis der Tochter ihres Herrn nicht zur Anzeige gebracht hatte.¹) Den Angebern von Ehebruch versprach er ein Zehntel,²) denen von Gotteslästerungen ein Drittel der über die Schuldigen zu verhängenden Geldstrafe.³)

Ueberdies aber liess er nach dem Vorbilde, welches die Jesuiten in ihren Collegien und Schulen boten, damit kein Vergehen übersehen oder von den Beamten aus Nachlässigkeit, Gunst oder Bestechlichkeit ungestraft gelassen werde, gleich nach seinem Regierungsantritte in allen Landgerichten, Städten und Märkten geheime Spione bestellen, welche die Beamten, Landsassen und Unterthanen in Bezug auf die Ausführung seiner Mandate zu überwachen hatten.⁴) Antheil an den Strafgeldern und Beförderung zu Aemtchen sollte ihr Lohn sein und der sonst so sparsame Herzog fügte dem Befehle eigenhändig die Weisung hinzu, keine Kosten für die Gewinnung solcher Leute zu scheuen.⁵)

---

1) Münchner Bibl. Cod. Bav. 2544, II, 18. Exc.
2) Polizeiordnung V, 9, 2 u. 5.
3) Mandat v. 2. Dec. 1604 u. 20. Sept. 1635. Münchner Bibl. Bav. 060/III n. 20 u. IV, n. 31. u. 39.
4) Schon 1591 war befohlen, zur Ueberwachung der Trunkenbolde Späher zu bestellen; A. a. O. Cod. Klöckel. 24, n. 6, doch dachte man damals wohl nur an besondere Beauftragung von Amtsknechten u. s. w.
5) Hz. Maximilian an Hans Preu, Rentmeister zu Burghausen. 24. Mai 1598 bei Uebersendung des Mandates v. 13. März: „Wann aber allermaist daran gelegen, das hierüber [über die Ausführung des Mandates] in allen unsern regimenten und landgerichten gewisse coricael und kundschafter, doch auch erbare guete leuth, inhalt der landsfreiheitserclerung [v. 1578] bestellt werden, welche ire eigentliche obacht haben, ob und wie obgedachtem unserm universalmandat sowol durch die landstände als auch unsere verpflichte pfleger, richter und ingemain allerlai officier gehorsambt und gelebt werde oder nit, damit

Damit er aber auch bei ihnen gegen Versäumnis und Parteilichkeit gesichert sei, befahl er im nächsten Jahre, über sie wiederum noch geheimere Spione zu setzen.¹)

Daneben warb er, um das ihm so besonders verhasste Fluchen, Schwören und Gotteslästern zur Bestrafung zu bringen, unter allen Ständen Leute an, die insgeheim darauf zu achten hatten.²) Endlich liess er sich von den Rentmeistern alle Vierteljahre Verzeichnisse der von den Spionen erstatteten Anzeigen und der Versäumnisse seiner Beamten und Landsassen sowie Zusammenstellungen der im letzten und vorletzten Quartal verhängten

---

wir gegen den ungehorsamen die gesezte und verwürkte straffen gestracks fürnemmen zelassen wissen, demnach bevelchen wir dir hiemit in ernst und wollen, das du in unserm regiment deiner verwaltung bei allen gerichten dergleichen leut, auch cum participatione alicujus praemii bestellest, (auch darunder keinen uncosten ansehest), [eighd. Zusatz] und uns alsdann fürderlichen berichtest, wer dieselben seien, an was ort, mit was gelegenheit, umb was belohnung und verhaissung solches geschehen, uns verner darauf zu eröleren." Reichsarchiv München Bairische Dekrete VI, n. 109. Or. In dem Mandate v. 13. März wurde insbesondere verordnet, durch Kundschafter in den Wirthshäusern, bei Hochzeiten, Tänzen und Mahlzeiten, sowie auf Schiess- Kegel- und Spielplätzen Gotteslästern, Fluchen und Schwören ausspähen zu lassen.

1) Der Hz. an Preu, 24. März 1599: Du sollst „bei einer jedweden fürnemmen statt auch in den gerichten hin und wider zum wenigsten ainen coriacum, kundschafter oder aufsecher bestellen, welliche aufmerksamb und fleissig seien, dir alles, was sie in erfarung bringen, zuesagen und zueschreiben; wellichen coriacis du auch jedesmahl von den geringen geltstraffen derjenigen, die sie angezaigt, ainen thail deiner discretion nach volgen lassen, was aber fäll' seien, welliche mit ainer ansehnlichen geltstraff werden gebüsset, dich zuvor beschaids bei uns erholen Du sollest auch über dise jezt verstandene coricacos noch andere deine haimbliche kundschafter und aufsecher haben, welliche auf die andern acht geben und wann sie was ungleiches von inen erfahren, dir ein solliches ebenmessig anzaigen." A a. O. n. 142. Or.

2) Mandat v. 2. Dec. 1604. Münchner Bibl. Bav. 960/III n. 20.

Strafen einsenden, um selbst die Aufsicht führen und wo es nöthig nachhelfen zu können.[1]) Als der Rentmeister zu Burghausen, Hans Preu, sich in der Bestellung der Spione nicht eifrig genug zeigte, befahl ihm Maximilian wiederholt unter Androhung von Amtsentsetzung und anderer schwerer Strafe grösseren Fleiss zu beweisen. Bei dem weiten Umfange und der grossen Bevölkerung des Rentamtes sei mit zwei, vier oder sechs Kundschaftern nichts ausgerichtet, sondern es hätten diese „mit einem oder zwei Landgerichten genug zu thun, dass sie auf dieselben fleissig Acht gäben und ihre Spähe hätten, was da oder dort von diesem oder jenem wider die Polizei verhandelt werde, das sie hernach anzubringen, damit nichts vertuscht werde noch ungestraft hingehe." „Wir werden uns auch nicht so leicht bereden lassen, dass dergleichen Leute, so coricaeos und Ausspäher abgeben, um gebürende Besoldung und auf Vertröstung, dass sie mit Gelegenheit zu dem oder jenem Aemtel befördert werden sollen, nicht in guter Anzahl zu finden sein sollen, wann nur deines Theils der gebürende Ernst und Nachforsch gehalten werde."[2]) Die feste Besoldung der Spione, welche Preu für nothwendig erklärte, lehnte Maximilian ab, weil dann das Gehalt zwar fleissig erhoben, der Dienst aber nachlässiger versehen werden würde,[3]) und als Preu versicherte, er könne keine Spione auftreiben, trug der Herzog kein Bedenken, ihm zu empfehlen, dass er gleich anderen Rentmeistern den Amtleuten ihre eignen Knechte zu Aufsehern bestellen solle.[4]) Ueberdies setzte er dem Rentmeister fort und fort mit starken Verweisen zu, weil derselbe so wenig Vergehen berichte; er könne nicht

---

1) Der Hz. an Preu 24. März 1599. Reichsarchiv München. Bairische Dekrete VI, n. 142 Orig.
2) Hz Max an Preu 28. Jan. 1599. A. a. O. n. 136 Orig. Aehnlich 24. März 1599, obwohl Preu jetzt grösseren Fleiss gezeigt habe n. 142 Or.
3) Der Hz. an Preu, 12. Febr. 1599. Das. n. 137 Or.
4) 2. Mai 1599 Das. n. 147 Or.

glauben, dass gerade in diesem einen Bezirke die Leute so fromm und eingezogen lebten, und daher nur auf Nachlässigkeit Preus oder seiner Spione schliessen, die er nicht dulden wolle.[1] Welche Zustände diese Verordnungen hervorrufen mussten, bedarf keiner Ausführung.

Natürlich nahm auch freiwillige Angeberei entsprechend zu. Wurde diese doch ohnehin von dem herrschenden System gefördert.

Schon aus dem Sommer 1591 liegen Untersuchungsakten gegen den Professor der Rechte, Hubert Giphanius zu Ingolstadt, einen Convertiten, vor, welche zeigen, wie derselbe — wahrscheinlich von den Jesuiten, seinen Gegnern — auf Schritt und Tritt umspäht worden war.[2] Aus späterer Zeit finden sich wiederholt Befehle, die von Hofe nicht auf Bericht der Regierungen, sondern auf geheime Anzeigen ergingen.[3]

Allerdings verordnete nun Maximilian wenigstens für gewisse Anklagen, nämlich die von Fluchen, Schwören und Gotteslästern,

---

1) Der Hz. an Preu 13. April, 2., 16. u. 29. Mai, 19. Juni u. 1. Juli 1599, 20. Mai 1600 u. 2. April 1603, Das. n. 146, 147, 148, 152, 153, VII, n. 10 u 90 Orr. Der letzte Befehl enthält den Zusatz: Preu solle den Spionen „mit dem drinkgelt desto bösser begegnen, damit sie, sich von andern corrumpieren zu lassen, nit ursach haben." Am 18. Juli 1600 ordnete der Hz. eine strenge Untersuchung darüber an, durch wen ein Spion als solcher bekannt geworden sei. Das. VII, 22 Orig.

2) Reichsarchiv München. Tektierte Fürstensachen. Wilhelms V. Dekret v. 31. Juli und Bericht A. Hungers v. 28. Juni über die Untersuchung mit beiliegenden Fragen. Vgl. Prantl Gesch. der Ludwigs-Maximilians-Universität I, 351, 417, 418.

3) Vgl. das über die Katholisirung des Adels und die Landeskinder im Auslande Mitgetheilte. Am 27. Sept. 1599 wird der Rentmeister Preu beauftragt, sich insgeheim zu erkundigen, ob, wie glaubhaft berichtet werde, Burkhard von Taufkirchen nicht nur selbst sektische Bücher besitze und lese, sondern auch solche von einem anderen Adlichen, bei welchem danach Haussuchung gehalten worden, in Verwahr genommen habe, Reichsarchiv München. Bairische Dekrete VI, n. 159 Or. und am 16. März 1600 erhielt der Rentmeister Auftrag zu heimlicher Spähe, weil „weitläufig vorkomme", dass eine Wirthin an verbotenen Tagen Fleisch auftrage. A. a. O. VII, n. 58 Or.

dass sie mit Geld oder anderer Strafe gebüsst werden sollten, wenn sie sich als aus böser Absicht erdichtet herausstellten: [1]) die Böswilligkeit war jedoch natürlich immer nur sehr schwer nachzuweisen, und wie Maximilian späterhin auch den Angebern der erwähnten Vergehen ausdrücklich Geheimhaltung ihrer Namen zusagte, [2]) so war diese ja überhaupt die Grundlage des ganzen Spionirsystems. Schon 1605 klagte der Adel, dass man häufig geheime Inquisitionen anstelle und dabei ihm Schande und Ungelegenheiten bereite, Nichtadliche gar ins Gefängnis lege, nach Erweisung der Unschuld aber die Nennung der Angeber verweigere. [3])

VII.

Drückender und gehässiger, wie es so in Baiern geschah, ist das kirchliche Polizeiregiment wohl nie in einem deutschen Gebiete gestaltet worden.

Den höchsten Wünschen der Jesuiten war damit freilich noch nicht ganz entsprochen. Dafür lag Maximilian denn doch das wirthschaftliche Gedeihen und die Hebung der Steuerfähigkeit seines Landes zu sehr am Herzen. Er führte sogar, als in Donauwörth ein Statthalter nach Rath der Jesuiten mit „neronischer Tyrannei" eine Mustergemeinde hergestellt hatte, die getroffenen Massnahmen trotz dem Widerspruche des Bischofs von Augsburg auf ein Mass zurück, welches ihm mit den staatlichen Interessen vereinbar schien. [4]) Immerhin aber priesen ihn die Jesuiten nach seinem Tode als „Ideal eines guten Fürsten" [5]) und ein gleichgesinnter Karmelit rühmte ihn 1663 als „das grösste, allezeit

---

1) Mandat v. 2. Dec. 1604. Münchner Bibl. Bav. 000/III, n. 20.
2) Mandat v. 20. Sept. 1635 A. a. O. IV, n. 31.
3) Krenner Landtag 1605 S. 157.
4) S. meinen Ursprung etc. I, 481 ff.
5) So betitelte bekanntlich Adlzreiter, d. h. der Jesuit Vervaux, den dritten Theil seiner Annales Boicae gentis.

wider die Ketzereien geladene Stück, welches von dem himmlischen Constabel also regiert wurde, dass es in dem Losbrennen auf seine Feinde mit grossem, wiederhallendem Knalle einen Schrecken verursachte," und als „den fleissigen Gärtner, welcher alles schädliche Unkraut der Laster, die brennenden Nesseln der Sünden, die stechenden Dornen der bösen Gewohnheiten mit den Wurzeln ausrottet, und hingegen die farbreichen, wohlriechenden Blumen des Friedens zieht, die adlichsten Gewächse der guten Sitten einpflanzt, die angenehmsten Früchte aller Tugenden vermittelst der göttlichen Sonne zur Zeitigkeit bringt." [1])

Für uns ist es schwer, Maximilian gerecht zu werden. Wenn wir jedoch dem Fürsten zugestehen, was Jeder beanspruchen darf, nämlich von dem Standpunkte aus beurtheilt zu werden, welchen ihm seine Erziehung, seine Grundsätze und die Anschauungen seiner Zeit anwiesen, so werden wir anerkennen müssen, dass er nach bestem Wissen und Gewissen mit äusserstem Bemühen und eiserner Consequenz auf kirchlichem Gebiete wie in seiner ganzen übrigen Regierung das that, was er für seine Pflicht und für dem Wohle der Unterthanen dienlich hielt.

Was aber waren die Früchte seiner Bemühungen?

Dem Hofe Maximilians konnte freilich der erwähnte Karmelit nachrühmen, dass derselbe „ein Ort der Andacht war, welcher in der Ordnung, im Gehorsam, in der Ruhe und Ehrbarkeit einem Kloster ähnlicher sah als einem Palaste," [2]) und die Bürger Münchens rühmte nicht nur der Rector des dortigen Jesuitencollegs 1594 wegen ihrer Frömmigkeit, [3]) sondern ein belgischer Arzt nannte sie i. J. 1601 die gesittetsten Deutschlands. [4]) An letzeren hatte jedoch Maximilian selbst schon wenige Jahre später und dann fort und fort den Mangel kirchlichen Eifers und christ-

---

1) S. d. oben erwähnte Predigt des P. Andreas v. S. Theresia. S. 24.
2) A. a O. S. 4.
3) Hurter Ferdinand II, III, 532.
4) Fyens an Justus Lipsius, 31. Juli 1601 bei Burmann Sylloge epistolarum II, 80.

licher Zucht zu tadeln, wodurch sie weit hinter den Protestanten zurückständen. ¹) Im übrigen Baiern erhielt sich noch lange die Hinneigung zum Protestantismus. ²) Wie wenig ein heiligmässiges Leben in Schwung kam, sagen Maximilians stets erneuerte Dekrete. Am Bemerkenswerthesten aber ist, dass unter dem Volke trotz allen Anstrengungen des Fürsten die crasseste Unwissenheit in religiösen Dingen herrschte. Im J. 1608 klagte Maximilian, dass auf dem Lande die Erwachsenen und noch mehr die Jugend weder das Vaterunser, das Ave Maria und den christlichen Glauben, geschweige denn die zehn Gebote mit den rechten, ihr Verständnis ermöglichenden Worten zu beten wüssten noch die geringsten Grundwahrheiten des katholischen Glaubens kennten. ³) Zwanzig Jahre später rügte er, dass seine Unterthanen gewöhnlich in Glaubenssachen gar nichts oder wenig wüssten ⁴) und 1633 sagte ein Vicar, der aufgefordert worden, die Rechtgläubigkeit eines in Verdacht der Ketzerei gekommenen Baders zu prüfen: „Wann meine mir anvertrauten Leute, die weder schreiben noch lesen können, gleich wie er, so das Zeichen des hl. Kreuzes, das Vaterunser, den hl. englischen Gruss, die zwölf Artikel des Glaubens, die hl. sieben Sacramente und was sie zu österlichen oder anderen Zeiten, wann sie sich speisen lassen [communiciren], empfangen, wüssten, so wäre ich ganz content und zufrieden mit ihnen." ⁵)

1) Freyberg III, 163 u. 166.
2) Das zeigen die häufigen Uebertritte auswärts weilender Baiern Vgl. auch das oben über Ried Mitgetheilte und und die merkwürdigen Aeusserungen eines Bürgers zu Wasserburg in seinem Tagebuche b Westenrieder III, 160 u. 161.
3) Freyberg III, 164.
4) A. a O. III, 280. Aehnlich heisst es in einem Mandate des Chf Ferdinand Maria v. 3. Okt. 1076: „Dass nit nur die Kinder, sonder thails auch alte und erwachsne Leut kaum das Vatterunser betten können, geschweigens erst die zu Seelenheil und Seligkeit nothwendigen Glaubensarticul wissen und verstehen." Westenrieder, VIII, 374.
5) Kreisarchiv München. IV, R. u. fasc. V, 4, 14/2. Or.

Wie hingegen unter der Pflege der Jesuiten und der Einwirkung der weltlichen Gewalt äusserliche Frömmigkeit, kirchlicher Aberglauben und vor allem Heuchelei üppigst ins Kraut schiessen mussten, ist leicht zu ermessen.

Die Jesuiten und ihre Gesinnungsgenossen aber nannten das Herzogthum damals das „gottselige Baierland", „Bavaria Sancta."

Beilage I.

Instruction Hz. Wilhelms zu einem Anbringen bei Hz. Albrecht.

Ir fl. D! unser gnädigster herr, wöllen, das dero geliebten sohn herzog Albrecht¹) angezaigt werde, I. D! haben sein schreiben gelesen und hoffen, er werde biss auf dass neu jar sovil lernen, das er I. D! darnach selbst mit aigner hand schreiben werd könden. Und beschicht dasselb, so wissen I. D! schon, wass sie im zu eim neuen jar sollen schenken und es wird etwas sein, das im gefallen würd. Ist gleichwol I. fl. D! auf diser raiss auch St. Niclass beikommen, der von ainem markt auf den andern herumbzeucht und gar herliche sachen einkauft und hat I. D!, gleichwol gar in gehaim, gesagt, er hab schon etliche schöne ding für herzog Albrechten, sonderlich hab er 2 gar schöne vergoldte büecher in samet eingepunden, die wöll er im einlegen, wan er die tafl bald ausslerne. Und hat sich gedachter S. Niclass gestelt, als wöll er gehen München in die dult kommen, das er dort noch mehr sachen einkauf. Wan I. D! auf S. Jacobs tag zu München wärn, so wollten sie dem herzog Albrecht ein dult kaufen, aber also wellen I. D! sehen, ob er derselben nicht schicken werd. Sonderlich ist die herzogin Magdalena²) gar gewiss etwas gewertig und sie wolt halt das schön

---

1) Albrecht war am 18. April 1583 geboren.
2) Die jüngste, am 4. Juli 1587 geborene Tochter Wilhelms.

künigele,ᵃ) so springen solt können, und das sich an einem pantl last füeren, gar gern bald haben. Entgegen wöllc sich dem herzog Albrecht ain würtembergischen jäger bringen, der an einer hani ein laidhund und an der andern zwai schlieferleᵇ) füeren und 2 vix oder hasen vor im hineinjagen sollen. So will im herzogin Maria Anna¹) bald etwas schicken.

Ir D! der her vatter und die frau mueter und boide schwestern seind gar wol herkommen und miessen aber hie den saurn pronnen trinken, welches gar ein pitters trank. Hat herzog Albrecht gar guet sach, das er also daheim bleibt, und alle sontag und feirtag bei der frau pasen²) esset und alzeit nach dem nachtessen in garten gehet. Kombt hieher niemands als nur lutterische leuth, die den hunden so feind, dass man den Perlin³) vor inen einspörren muess, sie fielen sonst mit allen 4 auf in oder erwurffen in mit hofpechern, wan nichts darinnen wär. I. D! sagen, wan der herzog Albrecht fein fleissig sei, from, gehorsam und gottsförchtig, so wöllen sie im etliche schöne ding von Göppingen bringen, sonderlich aber einen hund, der alle königlen gar leicht erlauft und der auch die klainen hindlen schmöckt, zu suechen weiss und von stund an findt, auch wan sie sich etwan im königlengarten verschlieffen oder da manss sonst verleurt.

Die edle knaben und die cammerdiener sollen sich wol halten und fein vleissig sein, und herzog Albrecht auch und last I. D! dem hern hofmeister und praeceptor sagen, sie sollen I. D! gar oft schreiben, ob herzog Albrecht vleissig studiere, ob er zichtig und gehorsam sei, und ob er gern bett, dan so oft I. D! werden hören, das er das thue, so oft wöllen sie sehen, das [sie] im

---

a) Kaninchen.
b) Dachshunde.
1) Wilhelms am 8. Dec. 1574 geborene Tochter.
2) Wilhelms Schwester Maximiliana.
3) Wohl Wilhelms Kammerhund.

etwas besonders kaufen, und wan im die frau pass .und herzog Max wie auch sein her vetter herzog Ferdinand[1]) ein guetss lob geben werden, das er alwegen fromb gewest seie, so wollen I. D! noch etwas zur dult schicken, und wan er dan fleissig für I. D! und sein frau mueter bet, so werden I. D! und sein frau mueter desto belder wider haimkommen und wird er inen villeicht entgegen ziehen müessen.

Ess soll oftgedachter herzog Albrecht sein frau pass in doss hern vatters und der frau mueter namen gar vast grüessen und lassen ine wie auch den her Max baide seine schwester vast griessen." [Göppingen 1591 Juli?]

St. A. München. A. 38/20 f. 530 Cpt. (Dies Aktenstück wurde ohne Zweifel von Hz. Wilhelm dictiert.)

Beilage II.

Hz. Wilhelm an Papst Clemens VIII.

Beatissime in Christo Pater ac Domine. Domine clementissime.

Post humillima beatissimorum pedum oscula. Inter plurima mala et incommoda, quibus Germania nostra in religionis negocio jam aliquandiu affligitur, haud ultimo loco connumeranda est vesana innumerorum libido scriptitandi libros haereticos et disseminandi omnis generis veneni pene immedicabilis contagio. Istam tamen pestiferam luem et malum incautis hominibus maxime noxium cum ipsa sedes apostolica pro munere suo continuo sanat

---

1) Wilhelms Bruder.

et corrigit, tum etiam aliorum piorum et catholicorum virorum potissimum vero principum in hoc collocata studia non approbat modo, sed etiam benigno affectu prosequitur ac juvat. Ea res et Ser.^{mo} quondam parenti meo duci Alberto, felic. memoriae et mihi maxime semper curae ac cordi fuit: atque ob hoc ipsum S. Ser.^{tas} olim a R^{mo} cardinale Morono legato ad caesarem et universam Germaniam et postmodum ego a R^{mo} episcopo Scalensi nuncio apostolico licentiam sive indulta impetravimus, donec uterque viveremus, omnes et quoscunque libros haereticos in indice a dicta s. sede apostolica proposito comprachensos' et alias ac quomodocumque prohibitos et prohibendos absque ullo conscientiae scrupulo et censurarum vel aliarum poenarum incursu ac infamiae nota habendi, tenendi, legendi et ab aliis, qui hujusmodi facultatem habuerint, legi, examinari et contra illos scribi faciendi, idque ipsum in hunc potissimum finem, ut a viris doctis et cordatis catholicis, quibus Dei benignitate Bavaria nostra inter medios haereticos hactenus non destituta fuit, non modo legi posset et depraehendi, sed etiam publice convinci ac refutari haeretica pravitas et nusquam sibi similis novatorum inconstantia: quo pacto hostis suo ipsius gladio sese jugulandum praeberet, id quod eventu testante jam aliquoties satis feliciter successit.

Quia vero non meam tantummodo esse volo curam istam atque sollicitudinem tuendae, propagandae et conservandae religionis catholicae in provinciis a Deo mihi concessis ac, si per me fieri possit, in universa Germania, verum etiam omnium et singulorum liberorum, haeredum ac successorum meorum, quos omnes vel latum unguem a vestigiis meis atque piissimorum progenitorum meorum declinare maximum et divina vindicta eluendum peccatum fuerit: ideo S^{ti} V. humilime supplico atque oro, ut id quod hactenus (quemadmodum supra commemoratum est) progenitori tantum meo et mihi concessum fuerat, omnibus haeredibus ac successoribus meis Bavariae ducibus pro tempore in regimine constitutis clementissime concedere dignetur: ut nimirum illis omnibus liceat, praeter innumeros libros prohibitos usque in praesens tempus conquisitos ac magnis sumtibus coemtos alios deinceps quoscunque et quandocumque editi fuerint, coemere, habere, tenere aliisque utpote suis confessariis, theologis et dumtaxat illis, qui eandem legendi facultatem habuerint ad refutandos publice atque privatim errores in libris istis contentos et confundendos authores communicare. Ego sane providebo et omnino efficiam, ut isti libri haeretici omnes ac singuli e communi bibliotheca sicuti in R^{mi} episcopi Scalensis indulto prospectum et hactenus observatum fuerat, penitus sint maneantque ablati et peculiari in loco reclusi, ita ut nemini incauto ulla occasio imbibendi veneni aut contrahendae maculae haereticae vel per imprudentiam vel incuriam aliquam omnino detur. Quod superest Deum Opt. Max. oro, ut S^{tem} V. ecclesiae suae universali quam diutissime superstitem conservet eidemque S^{ti} V. me humilime commendo. Datum ex civitate mea Monachio die 18 mensis septembris a 97.

St. A. München. A. 346 6. Cpt. v. Gewold.

Beilage III.

Dekrete wegen ausser Landes wellender Unterthanen.

Aus den Verfügungen Maximilians in dieser Hinsicht hebe ich folgende hervor:

28. August 1604 scharfer Verweis des Hzs an s. geh. Räthe, dass die Eltern unter der Regierung Landshut, welche ihre Söhne an sektische Orte geschickt, nicht wie die nachlässigen Beamten gestraft seien. Reichsarchiv, München. Bairische Dekrete VII, n. 115 Or. Dekret v. 10. Dec. 1608, einen Richter zu verhören, weil er in Ausführung der Mandate wegen der Landeskinder nachlässig gewesen sei und erst kürzlich einem

Unterthanen einen Geburtsbrief ertheilt habe, worauf jener eine Protestantin geheirathet habe und lutherisch geworden sei; auch nachzuforschen, ob nicht der Vater mitschuldig sei. Münchner Bibliothek. Cod. Bav. 2538 f. 60. Cop. Dekret v. 7. März 1609, die Eltern und die Gutsherren einiger in Regensburg abgefallenen Unterthanen zu strafen. Das. f. 65. Cop. V. 28. Juli 1610, vom Rathe zu München über einige Bürgerskinder Bericht einzufordern, welche dieses Jahr beim Agenten zu Augsburg keine Glaubensurkunde abgeholt hätten und deren Aufenthalt jenem unbekannt sei. f. 90. V. 14. Mai 1608, ein Adlicher solle seine an protestantischen Orten befindlichen Söhne sogleich abfordern und katholisch erziehen lassen. f. 97. V. 3. Jan. 1611, einem dieser Söhne Frist zum Verkauf der von seinem Vater ererbten Güter und zur Auswanderung zu bestimmen, wenn derselbe nicht katholisch werde. f. 99. V. 2. März 1612, einen Pflegsverwalter exemplarisch zu strafen, welcher einem Unterthanen ohne Schein des Agenten zu Augsburg einen Geburtsbrief gegeben habe, worauf derselbe protestantisch geworden sei. f. 104. V. 21. Juni 1613, Unterthanen, welche zu Augsburg in die protestantische Predigt gingen und sich zum Theil bei dem Agenten nicht gemeldet hätten, nebst ihren Obrigkeiten, welche nicht eingeschritten, zu strafen. f. 117. V. 10. März 1615, Befehl, einen Pflegsverwalter um 50 Thaler zu strafen, weil er einem sektisch gesinnten Unterthanen auf einen blossen Beichtzettel hin ohne Schein des Agenten zu Augsburg einen Geburtsbrief ertheilt habe. f. 145. V. 17. Jan. 1616: der Hz. hat vor einiger Zeit befohlen, gewisse Landeskinder, welche zu Augsburg die protestantische Predigt besuchten, nach München vorzuladen und die Gebür mit ihnen vorzunehmen, zwei sind nicht erschienen, obgleich sie der Bürgermeister von Augsburg zweimal dazu angewiesen und beim zweiten Male in Eisen hat schlagen lassen; jetzt soll ihr in Baiern ansässiger Vater, der an ihrer Verführung schuldig, ernstlich gestraft und angehalten werden, seine Kinder nach München zu bringen und dort weiteren Bescheid zu erwarten. f 155. Copp. V. 28. Juli 1609, der Abt von Tegernsee solle berichten, ob der Ort, wo einer seiner Unterthanen sich niederlassen wolle, katholisch sei. Kreisarchiv München. IV, lit. R. fasc. 2/4 Or. V. 27. Okt. 16)8, die Berichte über die Landeskinder alle halbe Jahre einzuschicken und sie ebenso von den Landsassen einzufordern und da n zu übersenden. Das. Cop. V. 10. März 1615 an den Rath zu München u. H. W. v. Rechberg, Pfandinhaber zu Schwabeck, über Landeskinder in Augsburg zu berichten. Das. Cpt. V. 14. Sept. 1617 an Gewold, nachzusehen, ob das Landeskinderbuch zu Ingolstadt in Ordnung sei, und namentlich einem protestantisch gewordenen Mädchen nachzuforschen. Das. Cpt. u. s. w. Der Pfleger zu Wolfrathshausen an den Hofmarksrichter zu Taufkirchen: er hat Befehl von allen Landsassen, welche den Bericht über die Landeskinder nicht eingeschickt haben, diesen durch eigenen Boten auf deren Kosten einzufordern. Demgemäss u. s. w. 5. Juli 1619. Das. Or. Dekret v. 25. Dec. 1610, einen Knaben, der zu Augsburg von seinem prot. Herrn nicht zur Kirche gelassen werde und sich beim Agenten nicht gemeldet habe, zurückzurufen und die Eltern zu strafen. A. a. O. ad fasc. V, n. 14/2. Dekret v. 15. März 1612 an H. W. v. Rechberg, Pfandinhaber von Schwabeck, dem dortigen Richter mehr Fleiss in Bezug auf die Mandate wegen der Landeskinder anzubefehlen, sonst werde der Herzog selbst anders zur Sache thun. Reichsarchiv, München. Bairische Dekrete X, n. 59 Or. Wiederholung mit Verzeichnis „ungehorsamer" Unterthanen v. 13. Febr. 1615, das. n. 192 Or.

Beilage IV.

Dekret des Churfürsten Maximilian an die Landes-Regierungen.

„Demnach die Röm. Kais. M!. Iro dise sorgfeltige gedanken geschöpft, welcher gestalten Sie gegen Got, dem almechtigen, und seiner allerheiligsten mueter, der himelkönigin, junkfrauen Maria wegen der vilfeltigen, hochen, götlichen genaden, dardurch allerhechstgedachte Kais. M!. und Ire angeherige lender besambt unserer uralten, catholischen, waren religion aus denen so geferlichen, tails inerlichen rebellionen, tails aber andern, so von benachbarten und auslendischen widerwertigen und feinden verüebten, starken anfechtungen durch die wissentliche, wunderbarliche obsigungen dermassen glicklich gerettet und nunmer in solchem stand, dass sie, sich weiterer gedeilicher wolfart erspriesslich zu geniessen, verhoffen können, gesczt worden. dero dankmietiges herz neben irem inerlichsten steten lob und preis zugleich auch mit einem eisserlichen gedenkzeichen, welches zu ewigen zeiten in der posteritet erhalten wurde, bezaigen und zu erkennen geben mechten, und sich aber darbei allergnedigst erinert, das I. Kais. M!. hochstloblichiste vorfahren in dergleichen glicklichem erfolg den Allerhechsten insonderheit in hechstheiliggedachter himelkönigin der junkfrauen Maria namen dankbarlich zu ehren in riemblichisten gebrauch gehabt, sich auch mer allerhechsternannte Kais. M!. versichert halten, das obbemelte miltreiche götliche genaden und wider dero abgesagte feind erlangte, herrliche sigreiche victorien vorderist auch durch oftermelter hechstheiliger mueter Gotes Mariae mechtige vorbitt herkommen und iren fortgang erraicht: Also und zu bezaigung obverstandnen dero schuldig dankmüetigisten herzens haben I. Kais. M!. hechstermelter dero loblichsten antecessorn dank- und ruembwirdigsten exempl nachvolgen, auch mit ersuech- und einwilligung der ordinarien die allergnädigste verorduung thun wollen, damit fürhin und zu künftigen ewigen zeiten der jartag der hl. empfengnus der glorwirdigisten mueter Gotes feurlich begangen und mit imerwerendem Gots dienst und lobgesang fortgesezt werde. Wann dann sowol wir selbsten als auch unsere in Got ruende geehrte liebe voreltern ersagte unbefleckte Gotes gebe'erin Mariam jederzeit in hechster verehrung und für ein sondern patronam und beschizerin unserer von Got anvertrauter armer land und leithe gehalten: Also wil uns auch umb sovil desto mehr ob- und angelegen sein, oftallerhechstbericrter Kais. M¹. lob- und dankwirdigistes vorhaben in gedachten unsern churfürstenthumben und lauden ebenmessig zu propagirn und einzupflanzen: Euch derowegen hiemit gnedigt anbevelchende, das ir bei allen eures gnedigst anvertrauten regiments districto zuegethonen beambten in continenti und zwar ob morac periculum bei aigens abgefertigten poten mit ernst verfieget, damit jeder deroselben seine ambtsangehcrige underthonen dahin anweise und halte, damit selbige merangeregtes auf den 8. nechstkunftigen monats decembris fähliges fest der heiligisten empfengnus Mariä nit allein heuriges, sonder auch alle kunftige und volgende jar feierlich begehen und selbigen tags dem Gotes dienst und der predig (gestalten dan von den ordinariis allen iren pfarrern und selsorgern ir ambtsschuldigkeit hierinnen zelaisten durch offentliche in truck gebrachte und an allen kirchthirn augeschlagne mandato anbevolchen sein wirdet) mit gebirendem vleis und andacht ab- und aufwarten sollen, mit diser austrucklichen commination, da ein oder anderer beambter sein disfahls obligende schuldigkeit an notwendiger aufsicht underlassen oder ire ambtsunderthonen disem unserm ernstlichen gebot die gebürende volg nit laisten, sondern sich ungehorsam erzaigen wurden, das auf eingelaugte begründte erfarung sowol gegen ermelten beambten als auch ersagten dessen ambtsunderthonen mit unnachlessiger, exemplarischer straff verfaren werden solle. Wisset

disem also uneingestellt nachzekommen und wir sein euch darbei
mit gnaden gewogen. München den 27. november a? 629.

Ex speciali commissione Ser^{mi} D. ducis electoris.
Kreisarchiv München. IV lit. R. fasc. 2'3 f. 431 Cop.

Beilage V.

Hz. Maximilian an Papst Clemens VIII.

Beatissime in Christo Pater ac Domine. Domine
clementissimo.

Post humilima beatissimorum pedum oscula et devotam debi-
torum officiorum oblationem. Nihil sane antiquius mihi semper
fuit et deinceps quoque erit, quam s. ecclesiae catholicae prae-
ceptis in omnibus morem gerere, quoad vires meae suppeditabunt.
Quia vero S^{tas} V., ubi causae subsunt rationabiles et legitimae,
solet praecepti vincula aliquando paterne relaxare et petentibus
veniam indulgere valetudinis curandae, ideo eadem spe fretus
paternae indulgentiae S^{ti} V. humilime exponere volui, quo pacto
aliquando accidit, quod medici judicant, omnino mihi expedire, ut
quibusdam diebus carnibus vescar, quibus alias per ecclesiae praeceptum vesci non licet, atque etiam ut quandoque non jejunem,
quando est praeceptum ecclesiae de jejunio. Similiter doctores
medici unanimi consensu et ore hactenus judicarunt, conjugis meae
dilectissimae ducissae Elisabethae valetudini plurimum officere, si
plures dies continuos aliis cibis vescatur quam carnibus sicuti
etiam, si una duntaxat refectione in die utatur.

Quam ob causam S^{ti} V. humilime supplico, ut mihi et con-
jugi meae hanc gratiam facere ac nobiscum paterne dispensare
dignetur, ut quandocunque doctores medici duo aut plures una

cum sacerdote, cui confiteri solemus et res animae committere, consultum judicaverint aut suaserint, nobis liceat, carnes edere talibus diebus, quibus alias non licet ob praeceptum ecclesiae, atque etiam ut ego quidem aliquando, cum jejunium est praeceptum, jejunare non tenear, ipsa vero conjunx mea non una duntaxat refectione in die debeat esse contenta. Qua tamen dispensatione sobrie et secundum consilium confessarii atque medicorum nostrorum utemur ac operam dabimus, ne aliis hac occasione praebeatur scandalum. Porrho S^{ti} V. me et mea omnia humilime commendo eidemque felicissima quaeque precor. Valeat felicissime S:^{as} V.

Datum Monachii die 30 mensis octobris a? 97.

St. A. München. A. 346/6. Cpt. v. Oewold.

Nachtrag.

Den S. 61 angezogenen Briefwechsel Maximilians mit dem B. von Augsburg über Donauwörth habe ich im XIII. Bande der Zeitschrift für Kirchenrecht von Dove und Friedberg S. 389—396, das. S. 35 Anm. 1 angezogene Dekret das. XIV, I, III veröffentlicht.

Druck von J. P. Himmer in Augsburg.